累到爆炸

Mom's Work is Difficult

全職媽媽不簡單

張曉雲 著

這本書是為您們寫的
給每一個**全職在家**的
偉大媽媽！

國家圖書館出版品預行編目資料

累到爆炸：全職媽媽不簡單 / 張曉雲著. -- 初版.
-- 新北市 : 雅典文化, 民106.02印刷
面 ; 公分. -- (親情滿分 ; 02)
ISBN 978-986-5753-78-8(平裝)
1. 母親 2.生活指導
544.141 105023892

親情滿分系列 02

累到爆炸：全職媽媽不簡單

作者／張曉雲
責任編輯／林秀如
封面設計／姚恩涵
內文排版／王國卿

法律顧問：方圓法律事務所／涂成樞律師

總經銷：永續圖書有限公司
永續圖書線上購物網
www.foreverbooks.com.tw

CVS代理／美璟文化有限公司
TEL：（02）2723-9968
FAX：（02）2723-9668

出版日／2017年2月

雅典文化

出版社
22103 新北市汐止區大同路三段194號9樓之1
TEL （02）8647-3663
FAX （02）8647-3660

前言

如果N年前，有人告訴我：「未來幾年，妳會全職在家帶小孩，而且一次帶兩個。」我大概只會當對方在開我玩笑，完全不放在心上。但幾年後的今天，我卻真實地，每天、每分、每秒都和兩個孩子綁在一起。

全職媽媽不但是我從未預期過的人生選項，這七年親帶兩個孩子的生活，更帶給我始料未及的「驚奇」與「震撼」。

有孩子之前，我是個不折不扣的工作狂，工作就是我人生的全部，我看到、想到的也只有工作。怎麼料得到在孩子出生之後，看著他可愛的笑臉，摸著他胖嘟嘟的溫暖小手，就能夠讓我感到無比滿足，甚至對熱愛了十年的媒體工作一點眷戀也沒有，

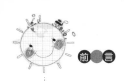

轉身投向這個我原本完全陌生的領域。

而在我真的當上全職媽媽之後，才發現這個看似平凡的頭銜底下，蘊藏了多少學問。在外人看來只要打掃、洗衣、上市場買菜、料理三餐、照顧小孩……這些一成不變的工作內容背後，代表的並不只有勞力的付出，因為有這些媽媽們在背後穩固住孩子和家務，另一半才有辦法心無旁騖衝刺事業，成就自己在職場上的野心和夢想。所以你說，全職媽媽真的只要顧小孩就好嗎？我說：「每一個全職媽媽支撐的，都是一個家。」

這個世代的全職媽媽，比起上一個世代，更是不簡單。在過去，女人可能是婚後礙於「男主外、女主內」的傳統觀念，或是自己沒有一技之長，只好留在家裡帶小孩，在那樣的社會氛圍裡，全職媽媽似乎就跟「黃臉婆」、「沒有謀生能力」畫上等號。但近幾年來，因為教養觀念的與時俱進，越來越多的年輕父母明白，結婚生子最重要的責任不僅僅在於賺錢養家。

孩子生活起居的照料、生活習慣和品格教育的養成、親子關係的建立……等等，這些跟教養攸關的大小事，如果能由父親或母親其中一方親手包辦，在這段成長過程中能給予孩子的關愛和安全感，是外出工作賺再多金錢也換取不到的。所以，有越來越多其實已經在職場上闖出一片天的年輕媽媽，為了能夠時時刻刻陪伴孩子成長，放棄不比另一半差的工作成就，選擇回家帶小孩。

這些媽媽不是因為找不到工作「被迫」留在家裡帶小孩，而是對她們而言，陪伴孩子成長勝過追求自己的夢想。

可惜又有些可悲的是，這個社會對於全職媽媽的肯定和鼓勵，並沒有比過去進步多少。

「妳命真好，在家帶小孩就好，哪像我，還要上班看老闆臉色。」

「老公一定賺很多吧！才可以讓妳在家帶小孩。」

「就顧個小孩妳也顧不好？小孩怎麼一天到晚生病？」

「帶小孩而已，有這麼累嗎？妳每天到底都在忙什麼？」

這些來自四面八方的冷嘲熱諷，妳是不是也沒有少聽過？更教人心灰意冷的是，有時候這些傷人的話，竟是來自於最親密的另一半口中。

全年無休、二十四小時待命的育兒生活，已經要壓得我們喘不過氣了，如果還要三不五時承受這些冷言冷語，全職媽媽的路要怎麼走得正向開心？

殘酷的是，在我自己因為全職媽媽的身分，結識了許多同樣全職在家的朋友之後，我才發現，大部份的全職媽媽其實並不快樂！她們有的被黏人愛哭的孩子磨得耐性盡失；有的因為另一半不夠體貼，孤單地當起「假性單親媽媽」；有的想到回不去的職場成就和美貌身材，心裡難免多了幾分遺憾和感傷。

在和她們聊天時，我常常會想，有什麼方法能讓這些媽媽快樂一點、對自己再有信心一點？

「為這些媽媽們寫一本書吧！」

我這樣告訴自己。雖然不敢說自己把全職媽媽這個角色扮演得多有聲有色，但我非常確定在這條路上，我走的自信、快樂，而如果這本書裡的心得分享，可以讓

更多的媽媽，在她們認為平淡無奇的育兒生活裡找回自信和快樂，不管是對寫作的我，或是看書的您，不都是很棒的一件事嗎？

這本書，是為您們寫的——獻給每一個全職在家的偉大媽媽！

CONTENTS

PART 3

心理上的煩擾

PART 4

經濟上的吃緊

CONTENTS

PART 5 全職媽媽不難當，錦囊妙計教給妳

PART 6 全職媽媽這條路，其實很幸福

PART 7

全職媽媽如何紓解壓力

PART 8

全職媽媽的未來，妳想過嗎？

CONTENTS

PART 9

想重返職場，妳該做哪些準備？

PART 1

全職媽媽這條路，妳準備好了嗎？

多年前曾有這麼一句廣告詞：「我是當了爸爸後，才學會當爸爸的」。雖然只有短短幾個字，卻一語道中許多為人父母的心聲。

的確，每個人都是在當父母之後，才開始學習怎當一個好爸爸、好媽媽的，顯見養兒育女的這條路走起來有多麼不容易。而母愛雖然是天性，但確實不是每個人都適合當全職媽媽的，因為除了生活重心的轉移、生活作息的改變，這份工作必須面臨的考驗和壓力，都遠遠超過妳的想像。

所以在決定當全職媽媽之前，有很多妳不得不思考的問題……

01 我為什麼選擇當全職媽媽

「全職媽媽」這四個字，從來不在我的人生選項裡。

二十歲進入媒體業工作，我很早就習慣一天工作超過十二個小時的生活。「以妳的能力，三十歲之前一定可以當上製作人。」這是主管曾經斬釘截鐵告訴我的一句話，而我也一直朝著這個目標努力，但人生就是這麼奇妙，我不但沒有朝著自己原定的目標向前走，反而轉了一個好大的彎，往另一條人生道路走，更怎麼也想不到，這份工作我一做就是七年，直到現在……

但坦白說，我不是一生下孩子就想當全職媽媽的。

跟所有的新手媽媽一樣，日夜顛倒沒得睡、寶寶無止盡地哭鬧、擠奶、追奶、餵奶、塞奶……這些可怕的「新生兒地獄」，我一樣也沒有少經歷，過了將近兩個月這樣的生活，產假結束的那個晚上，我真的只想以手刀的速度返回職場。照顧新生兒的日子實在太磨人了，我需要快點做回那個在工作中如魚得水的自己，好讓緊繃的身心獲得釋放。

於是我把孩子託給公婆，當起一週見孩子兩天的假日父母。這樣的日子雖然充斥對孩子的想念，但半夜不用顧小孩，每天都可以睡飽再出門上班，說真的實在輕鬆又自在，我一度也認為自

己這樣的決定是對的。

但隨著孩子越來越大，我發現事情越來越不一樣了，雖然只是嬰兒，但他會伸出需要的雙手向妳討抱，會在見到媽媽時露出微笑，當然，也會在跟爸爸、媽媽分開太久之後，只肯投向阿公、阿嬤的懷抱，隨著兩地分隔的日子過得越長，孩子和我跟老公變得越來越陌生，到最後一到我懷裡就不安大哭。

原本以為請公婆帶小孩是最合適的決定，不但能夠讓孩子獲得阿公、阿嬤無微不至的照顧，我和老公也可以安心上班，我們彼此雙薪的收入更可以維持不錯的生活品質。

但這樣的生活換來的，卻是孩子不願意親近爸爸、媽媽，這對辛苦工作一週之後，期待見到孩子的我們，是多大的諷刺？我們想的是多賺一點錢，給孩子好一點的生活，但事實卻是他連投入我們的懷抱都不肯，甚至嚎啕大哭只要阿公、阿嬤。

「這樣的生活，真的是我要的嗎？」

「我想當的，是在職場上發光發熱，卻錯失孩子成長點滴的母親嗎？」

我開始懷疑，自己最初做的決定對或不對，也開始思考，這份讓我熱愛了十年，卻會剝奪我和家人相處時間的工作，究竟值不值得繼續堅持下去。

奇妙的是，孩子就像跟我有心電感應似的，開始抗拒和我們夫妻的分離。每到週日下午，我和老公收拾行李準備回台北時，才一歲多的兒子就會緊抓著我們不放，任憑阿公、阿嬤怎麼哄騙都沒有用，回到台北後，我光聽兒子在電話牙牙學語的聲音就會淚流不止。

那一年公司也因為全球金融風暴，不得不在短期內先減薪維持運作，辭去工作把兒子接回身邊的念頭在我心中越來越強烈。

真正下定決心是一個又要跟孩子分開的週日午後，因為知道我們又要離開了，孩子怎麼樣都不肯給阿公抱，不斷伸出小小的手向我討抱，強忍不捨把他交到公婆懷裡時，未滿兩歲還不太會說話的他，卻清清楚楚地哭著喊了：「媽媽！」上車之後，我也哭著告訴老公：「我要把他接回來，我沒辦法再忍受這種痛苦。」

於是我毅然決然地辭去做了十年的工作，離開了相處地就像家人一樣的同事，說沒有一點不捨都是騙人的。但我知道如果不下定決心，將來我因為工作和孩子分離的眼淚，會比現在流得更多……

就這樣，我從一個每天工作超過十二個小時的工作狂，變成二十四小時全年無休的全職媽媽。全職這條路上，我陪孩子、孩子也陪我，走到今年邁向第七年。如果時光倒流，讓我再選擇一次呢？我一定還會做一樣的決定，牽著孩子的手，陪他們在成長的路上再走一次。

因為親帶孩子的這七年裡，我越來越能體悟到全心全意陪伴孩子長大的幸福與美好。更在老大上學、進入團體生活之後，逐漸回收到這七年來我不假他人之手，親自教養孩子的成效。所以，讓我重新再選擇一次，我還是萬分樂意當全職媽媽。妳呢？

但是在妳決定當全職媽媽之前，各方面都考慮清楚了嗎？

02 是妳自己的想法還是公婆、先生的？

選擇做全職媽媽當然是妳個人的決定，但不可否認的，因為步入了家庭，要考慮的不是只有自己本身的意願而已。另一半的支持體諒、家中的經濟狀況、回歸平淡家庭生活的心境轉換，都是必須納入考量的。

不得不承認，身處在華人社會，結婚後夫妻倆的事，幾乎會無可避免地變成「兩個家庭」的事。尤其是跟小孩有關的事，如果遇到觀念傳統一點，認為「小孩跟我們家姓，是我們家孫子」的公婆，那同時身兼妻子、媳婦、母親三重身分的妳，可能又更辛苦一點。

不管是選擇當全職媽媽或是職業婦女，公婆好像都免不了會以過來人的身分提供意見。有的是希望媳婦留在家裡專心帶孩子、有的是希望兒子媳婦把心肝寶貝孫交給自己帶。不管是哪一種建議，相信長輩都是出自一番好意，但這不代表妳就必須漠視自己真正的感受，礙於長輩給的壓力，強迫自己留在家裡當全職媽媽。

畢竟最了解家中狀況的是妳和先生，假始當了全職媽媽，少了一份收入，你們的家計有辦法維持嗎？

人生重心的轉變，妳和先生都有辦法適應嗎？

這最終的答案，絕對只有你們夫妻雙方知道，公婆給的建議當然可以當做參考，但最後決定權還是在妳手上，和先生達成共識之後，再由他出面，向公婆表達你們夫妻雙方的立場與決定。即使妳最後的選擇，並不符合公婆原先的期望，但這不代表妳就是一個不稱職的母親。

除了公婆可能會要求妳留在家裡帶小孩，在育兒討論區，最常看到的熱門話題不外乎：

「老公要我產假休完就留職停薪顧小孩，我好掙扎……」

「產假就快結束了，好捨不得把寶寶托給別人，大家也會這樣嗎？」

「老公希望我留在家裡帶小孩，我應該這麼做嗎？」

顯見有不少新手媽媽在生完孩子之後，都陷入家庭和工作應該如何取捨的兩難之中。

對男人而言，升格當了爸爸，肩頭上的重擔自然是比兩人世界時還來得沉重，但在陪產假結束之後，爸爸們順理成章地回到工作崗位上，職場上的規劃並不會因此被打亂。但媽媽們呢？

在將近兩個月的產假中，生理上要顧好自己生產後虛弱的身體，還得照料日夜顛倒、說哭就哭的新生兒，生心理雙重的壓力已經夠大了，懷胎十月母子連心的情感，更讓她們時不時在全職媽媽或職業婦女的選項中徘迴猶豫。

更讓媽媽們無奈的是，社會型態的改變，已經讓現代女性的職場成就，遠遠超過上一代的女性，這些媽媽們不但大部份在生孩子前都有自己的工作，職位薪水還可能未必比老公差，假始要放下工作全職育兒，不管是留職停薪或是辭職回家，過去那麼長一段時間在職場上累積的成就，幾乎都得全部歸零。

也難怪會有那麼多的媽媽，在另一半開口要求自己回家帶小孩時，內心會浮現不安與疑惑。

但是家和孩子是妳和先生共同擁有的，不管是妳或另一半，在做任何決定時，當然不能夠只想到自己，完全以自己的意見為主。所以孩子之後是要自己帶或托給誰照顧，都不是你們其中一方說了算，必須由你們雙方將各自的想法提出來，針對家庭的經濟狀況、夫妻的教養理念、如果決定當全職媽媽，太太對自己未來的規劃……等等，逐一提出想法。

即使老公提出的要求和妳原本想的背道而馳，也請相信他的出發點是為了這個家好，他

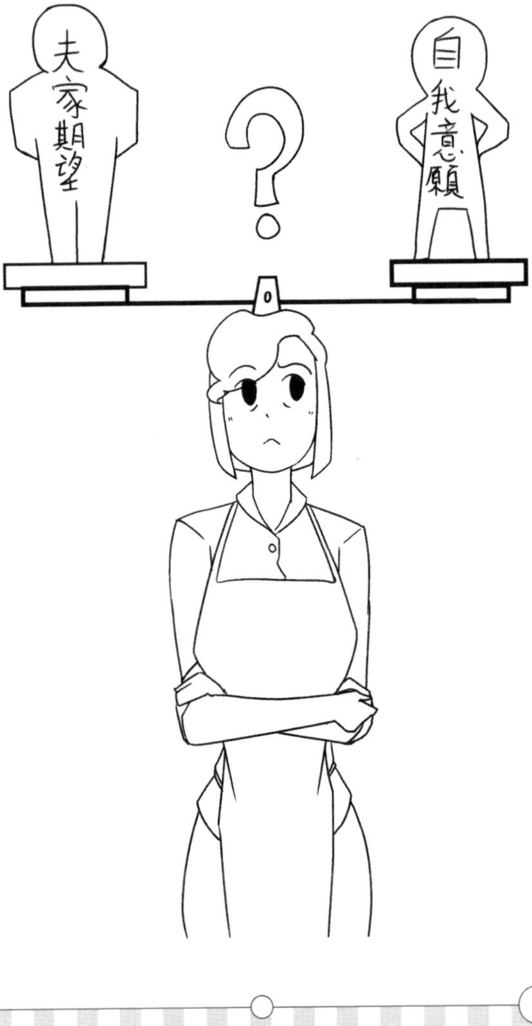

或許是認為孩子自己帶最安心，也相信妳能勝任全職媽媽這個職務，所以希望由妳留在家裡照顧孩子；也或許他是認為夫妻雙方都繼續工作，家計的維持比較不用擔憂，還能夠讓你們和孩子保有比較好的生活品質。

不管另一半的考量和妳是否一致，妳都應該坦誠告訴他自己內心的想法，妳想當全職媽媽是為什麼？而妳擔憂的又是什麼？妳比較希望繼續工作的理由是什麼？妳需要另一半給妳的幫助和支持又是什麼？開誠佈公地把妳的考慮和感受都提出來，雙方坐下來討論出最適合你們家庭情況的決定。

畢竟決定孩子的照顧模式，只是你們育兒生活的起步而已，假始在一開始夫妻雙方就無法透過良好的溝通方式達成共識，那麼日後你們因為孩子教養問題所產生的爭執，絕對只會更多不會更少。

不管是妳或是另一半，如果只是單方面的犧牲和委屈求全，或單方面的霸道威權，都無法為你們換來下半輩子的幸福圓滿。

沒有人可以為妳的未來負責，假始今天妳是因為公婆或先生的要求，勉強自己放棄工作留在家裡帶小孩。

當了全職媽媽之後，卻發現育兒生活不如妳預期地幸福美好，回想起過去光鮮亮麗的職場生活，再回頭看看自己眼下的日子，難道不會讓妳心生埋怨？

所以在考慮辭去工作回歸家庭時，請先靜下心來思考，是妳自己想當全職媽媽，還是公婆、老公的期望？

03

離開光鮮亮麗的職場，妳做得到嗎？

在過去男主外女主內的傳統社會，女人結婚生子後，留在家裡當家庭主婦似乎是理所當然的一件事。但隨著社會型態的轉變，有越來越多的女性，憑著自己的力量在職場闖出一片天，以往可能只有男性才能勝任的工作，女孩子也可以獨當一面，公司裡高階主管的職缺，也不再只是男性的專利。

假始選擇當一個全職媽媽，不管將來有沒有打算重返職場，眼前妳拚搏多年的工作成就，勢必就得暫時甚至永遠放下。過去那麼長一段時間累積下來的經驗就和人脈，卻因為回家帶孩子得中斷了，在許多人看來感覺好像有點「浪費」。但是妳知道嗎？美國在這十年內，全職媽媽的比例增加了百分之十五，這當中不乏高薪女性或取得MBA學位的高學歷女性。這顯示了在這個時代，全職媽媽早就擺脫過去「沒有工作能力，只好在家當家庭主婦」的刻板印象，有越來越多高學歷高成就的女性，相信也認同自己親帶孩子，不但能創造比較親密的依附關係，也為孩子建立了無可取代的安全感，這對孩子成長過程中的人格養成有莫大的幫助。

而難道這些選擇當全職媽媽的女性們，就沒有野心和夢想的嗎？答案當然是否定的，只是對她們而言，願意也樂意把家庭的考量放在自己前面，她們選擇暫時放下自己的夢想，來成就先生和孩子的未來。

畢竟離開職場回歸家庭之後，不管過去的妳工作職位多麼高、工作效率多麼受到老闆賞識，這一切的一切，在妳成為全職媽媽之後，都只能成為回憶。因為妳的「老闆」從此變成了還在牙牙學語的寶寶、也或許是兩、三歲貓狗嫌的孩子，這個老闆可能話還不太會說，但需要妳的地方卻不少，他起床妳開始上班，他餓了渴了只找妳，累了病了只黏妳，每天幾點下班得看老闆心情。

職場上的豐功偉業從此離妳遠去，更別說和同事忙裡偷閒的辦公室午茶時間，最現實也最殘忍的是，這個老闆不會給妳薪水，當然也沒有年終。種種因為離開職場產生的重大轉變，妳能接受嗎？

不只生理時鐘需要調整轉化，二十四小時全職親帶孩子在心理上要承受的壓力，往往超乎許多媽媽的想像。工作上的成就感，可以很清楚地靠上司的肯定、實質的薪水和升遷來獲得，但轉任成為全職媽媽之後呢？過去妳在職場上累積而來的自信和成就感，很有可能在繁忙的家務和育兒瑣事中逐漸消磨殆盡。妳可能從早忙到晚，好不容易哄孩子睡了之後，才發現自己的晚餐還沒有吃；可能在廚房裡忙得滿頭大汗，就為了讓挑食的孩子大口吃飯，辛苦了一、兩個小時的成果，孩子卻吃不到十分鐘就把飯碗推開。

漸漸地，妳還會體認到，過去在職場上說服老闆或客戶的那一套，放在孩子身上，是完全行不通的。不管過去在職場上，妳如何地意氣風發、戰績輝煌，在選擇放下那些當全職媽媽之後，妳就是個從零開始的菜鳥，得重新學習不假他人之手，包辦孩子的吃喝拉撒睡。

過去在工作上遇到挫折和難關，辦公室裡還有同事和上司可以相互討論、商討對策，但選擇在家裡的妳呢？當育兒生活遇到瓶頸時，回想起職場上有同事一起並肩作戰的日子，妳會不會有單打獨鬥的孤單感？

我記得在我離職後的第一個過年，臉書上滿滿是昔日同事或朋友們，參加尾牙或領到年終的歡樂照片。看著那些PO文，想到自己也曾經擁有那樣精采的生活，但在選擇全職之後，過去職場上的一切風光就此離我遠去，心裡不免感到有些空虛和失落。但轉頭看看兒子依偎在我身邊安心滿足的笑臉，他原本怕生、恐懼人群的個性，因為我的全職陪伴有了改善，我知道我們母子倆已經擁有比年終獎金更豐厚的收穫——彼此給對方滿滿的愛和安全感，這是再多金錢也買不到的。

離開職場回歸家庭，除了生理、心理上的轉換和調適需要三思。媽媽還必須靜下心來反問自己：「我想辭去工作，是因為真的想要自己照顧孩子，還是只是為了逃避工作上的壓力？」

妳比較需要的，是換一個更適合自

己的工作環境，還是辭去工作回家當全職媽媽？因為「工作不順利，剛好孩子也出生，所以我當全職媽媽好了」，跟「我希望能夠親自照顧陪伴孩子長大，所以改當全職媽媽。」是截然不同的兩種心態。

假始媽媽是因為不想面對職場上的挫折與壓力，才退而求其次回家當全職媽媽，這代表自己其實並沒有正向去面對工作上的考驗，只是選擇了另一條不必面對原本挫折的路走，甚至可以說是一種逃避的態度。將來如果在當全職媽媽的這條路上遇到了挫折，是不是也很有可能想要逃開？說不定還會後悔自己當初離開職場的決定，一但有了這樣的念頭，接下來的全職育兒生活，還能夠過得開心快樂嗎？

願意放下工作全心陪伴孩子長大，絕對都是值得讚賞和鼓勵的，但在這之前，請先好好思考，離開光鮮亮麗的職場回歸平淡，妳做得到嗎？

04 雙薪變單薪，家中經濟過得去嗎？

離開職場最實際卻絕對不得不考量的，就是經濟層面，這也是讓許多媽媽猶豫不決的原因。

原本兩份薪水的收入，在媽媽辭去工作之後，勢必就會少了一份的收入，而養育孩子卻又無可必免地要多出那麼多花費，小到奶粉、尿布、衣食住行的基本開銷，大至幼稚園、才藝班、各個階段的教育費用……等等，種種的經濟負擔，都是在當了父母之後才明白：原來多了孩子肩頭上的責任，是那麼地重。如果家裡還有房貸、車貸這些長期又大筆的支出，光靠一般上班族的一份薪水，似乎會扛得有些辛苦，這也是讓許多職業婦女想轉任全職媽媽，卻裹足不前的原因。

所以在妳決定當一個全職媽媽之前，夫妻雙方必須將每個月的基本支出逐一列出，將各項支出加總之後，自然可以很明確判斷出來，假始太太辭去工作，單靠先生的薪水，能不能夠維持基本的家計。如果妳本來的薪水扣除孩子的托育費用所剩無幾，那麼雙薪變單薪對你們家計的影響或許不大，在經濟部分要顧慮的層面也許會單純一點。但如果妳原來的薪水扣除托育費是綽綽有餘的，那麼少了這份收入，確實會對你們的經濟狀況造成不小的影響。那麼，在家庭支出的部分，就絕對有必要重新檢視一下，看看原本在雙薪狀態下的支出花費，有沒有可以再精省的項目，像是外食的費用、外宿旅行的次數、假日休閒娛樂的花費、保險支出……等。

如果確定要回家當全職媽媽了，在家庭收入減少的狀況之下，各項支出勢必都要做合理的調整。以保險為例，在預算有限的情況之下，全家人的保險要先以保障家中經濟支柱——也就是老公為主，可以請信任的保險業務員為全家的保單內容做健檢，檢視還有沒有可以調降的保險。我自己在離職的時候，就請業務人員將自己婚前買的保險降低了保額，這樣不但可以節省保費的支出，也還是擁有最基本的保障。

其他像是外食費、休閒娛樂的費用，勢必也都會因為家中減少了一份薪水，得做出不小的調整，有很多媽媽不願意辭去工作，也是因為家中多一份收入「能夠保有比較好的生活品質」。只是，什麼樣的生活品質才稱得上好？父母認定想給孩子比較好的生活，又真的是孩子需要的嗎？在妳猶豫該不該放下工作，專心陪伴孩子長大時，不妨在心底也這麼問問自己。

從雙薪變單薪，在經濟上也不完全只有「損失」而已，少了一份薪水，家裡每個月的固定收入是減少了沒有錯，但相對地，也省下孩子送托嬰或請保姆的費用。我的婦產科醫生曾經打趣地對我說：「妳生一個自己帶，省兩萬，生兩個就省下四萬耶！」

就以孩子托給他人照顧的角度來看，自己帶孩子確實是如此，不需要每個月動輒一、兩萬的托育費，也不用擔心會不會遇到不好的保姆或托嬰中心，母親和孩子天天二十四小時的相處，更能換來無可取代的親密感，這些無形的收穫，是實質的薪水怎麼樣也比不上的。

除了托育費用，坊間私立幼稚園的註冊費和月費也不便宜，如果是全職媽媽，便不用擔心孩子因為沒人照顧，只好早早送去幼幼班。自己帶孩子不但省下幼兒園的學費，也不用擔心年幼的孩子因為抵抗力還不足，上學之後三天兩頭生病。

再說，在這世界上，身為媽媽的妳才是孩子最好的老師，因為母親的一言一行，其實就是孩子最好的身教，親子之間相處的點點滴滴，更是培育孩子長大成人的最佳養分。

對於過慣雙薪生活的妳或另一半而言，突然之間要少一份薪水的收入，絕對有許多需要適應的地方，所以在考慮回家當全職媽媽之前，一定要和先生審慎地評估：雙薪變單薪，家中經濟過得去嗎？

05 另一半的支持體諒，妳能擁有嗎？

對許多全職媽媽而言，育兒生活最讓她們感到疲憊和無力的，其實是另一半不聞不問的態度。

我不只一次聽到身邊同為全職媽媽的朋友抱怨：

「老公下班就是癱在沙發玩線上遊戲，小孩一吵就叫我帶走。」

「真的很討厭跟老公拿錢，一開口就要被唸亂花錢。」

「如果可以，我也想上班賺錢啊！才不想待在家裡看老公臉色。」

顯見對於很多全職媽媽來說，放棄原本的工作回歸家庭，不但失去了職場成就和薪水收入，還未必能獲得另一半的支持體諒。

生理上的疲憊或經濟上的吃緊，都可以告訴自己辛苦幾年就過去了，但是如果連最親密的另一半，都無法認同自己全職育兒的付出與努力，那對全職媽媽來說，真的會質疑自己是為誰辛苦為誰忙，甚至後悔當初放棄工作的決定。

不可否認，母親因為多了懷胎十月血脈相連的情感，再加上天生的母愛，在育兒這條路上，確實是會比爸爸容易上手，但這不代表跟孩子有關的大小事，就全是母親的責任。

無奈的是，我們身邊大多數的男性受傳統思維「男主外，女主內」的影響，很少主動參與育兒或家務，如果是全職媽媽的另一半，更有可能會認為：「我在外面負責賺錢養家，家裡的事老婆應該全部處理好。」

所以上了一天的班回到家後，這些爸爸們不是癱在沙發上休息，就是滑手機、玩線上遊戲，一點都沒有想到，不是只有上了一天班的自己需要休息，從早到晚被小孩和家務纏身的太太，或許比自己更需要喘一口氣。

沒耐性一點的，回到家後面對孩子的吵鬧，說不定還會指責全職在家的太太：

「妳小孩是怎麼顧的？一點規矩也沒有！」這樣的話，聽在全職媽媽耳裡，實在刺耳又傷人。

所以在和先生討論要不要由妳全職在家帶小孩時，關於育兒和家務工作的分配，絕對有必要聽聽彼此的想法，如果先生的心態是「我只負責上班賺錢，回到家後就想好好休息」，可以試著從「你上班一天，傍晚回到家，孩子也會想跟分開了一天的你多相處」這個角度跟先生溝通，讓他明白即使妳是全職在家的孩子主要照顧者，但不管是妳或是孩子，都還是需要他的支持陪伴。

所以當他下班回到家後，是不是可以先從幫孩子洗澡、陪孩子唸故事，這類簡單又可以拉近他跟孩子距離的育兒工作做起，而妳也可以趁這個空檔，稍稍喘口氣。畢竟父親的角色不能只有上班賺錢這項「功能」，這不但會阻礙親子之間的情感建立，對辛苦扛起經濟重擔卻和孩子不親密的另一半來說，也不公平。

除了育兒、家務這些大小事，需要另一半的體諒和分擔，如果想當全職媽媽，在經濟層面，妳更需要另一半能夠完全地承擔與支持。過去是夫妻兩人賺錢養一家三口或一家四口，如果妳選擇當全職媽媽，就成了先生一個人養一家三口或一家四口，對另一半而言，經濟上的重擔絕對更甚以往。

在承擔經濟重擔的同時，他勢必會對花出去的每一筆錢都更謹慎小心，而每天張羅家中柴米油鹽的人又是妳。或許妳很清楚尿布一包多少、奶粉是不是又漲價了、最近的菜價如何，但埋首於工作的先生並不會知道，所以如果在家庭支出的部份，夫妻之間沒有維持良好的溝通，那麼很有可能在妳開口跟先生要生活費的同時，會聽到他質疑：

「那天不是才拿過錢了嗎？妳又花到哪裡去了？」

「賺錢不容易，妳省一點用可以嗎？」

不管是有意還是無心，這些話聽在沒有經濟自主權的全職媽媽耳裡，多多少少都會造成傷害，伸手要錢的感受並不好過，如果心理上還要再承受這樣的壓力，那麼當堅持自己帶孩子不惜放棄工作薪水的信念，恐怕也會一點一滴被磨滅。也難怪會有不少全職媽媽認為：「跟老公拿錢，就是在看他臉色過日子。」

不管再怎麼堅強勇敢的媽媽，生孩子之前都是另一半捧在手心上呵護的公主，另一半也是妳最重要的精神支柱。如果為了孩子家庭願意放下工作的妳，卻無法獲得先生的支持體諒，妳還願意往全職這條路繼續走下去嗎？決定要當全職媽媽前，這絕對是需要好好思考的問題。

如果思前想後，妳仍舊對於自己適不適合當全職媽媽沒有把握，可以先考慮向公司申請留職停薪的育嬰假，在育嬰假的期間，審視自己是不是樂意並適合成為全職媽媽，待育嬰假結束再做最後的決定也不遲。

如果最後妳選擇的是重返職場，在工作和家庭間努力取得平衡，也不需要為了沒有全職親帶孩子感到愧疚，不管是全職媽媽還是職業婦女，只要是為家庭全心付出的母親，都是孩子最棒的母親！

想當全職媽媽，妳要做哪些準備？

1. 靜下心來思考：「是我自己想當全職媽媽，還是公婆、老公對我的期望？」
2. 審視自己的工作熱情和野心是否仍在，願意為了家庭放棄職場成就嗎？
3. 夫妻雙方檢視家庭收支，衡量經濟狀況能否接受單薪生活。
4. 坦誠自己對育兒生活改變的不安或需求，確保全職這條路上，另一半能夠給予支持體諒。

MEMO

PART 2 生理上的疲憊

前兩年美國一則名為「世界上最辛苦的工作」的實境面試影片，感動了不少人。在短短兩百四十秒的影片中，應徵者們聽到面試官這樣解釋工作內容：這份工作全年無休、一週至少工作一百三十五個小時、不可請年假、每逢聖誕節或新年的佳節期間，工作量會提高、沒有充足的睡眠時間，最讓人驚訝的是：沒有薪水可以領！

應徵者中有人質疑這樣超時的工作合法嗎？有人直言這根本不人道，沒有人有意願做這份工作。但當影片最後，面試官說出：「這不就是千千萬萬個母親正在做的工作」時，每一個應徵者都熱淚盈眶，對著鏡頭表達對母親的感謝。

的確，「媽媽」這份工作就像這則影片裡描述的一樣，付出最多的勞力和時間，卻沒有任何實質的薪水報酬，為了深愛的家庭和孩子，媽媽們無怨無悔，不在意自己的付出能不能獲得同等回報。職業婦女在擺著家庭和工作的天秤兩端奔波忙碌，把重心完全移回家庭的全職媽媽也沒有輕鬆到哪裡去。

二十四小時和孩子綁在一塊，全職媽媽連喘口氣的空檔都沒有。捨棄了過去在職場上的光環，全職媽媽難免會有質疑自己存在價值的時候。但是，全職媽媽同時也擁有許多人求之不得的幸福。孩子所有的第一次，妳是第一個經歷到的人。妳也看著孩子在自己全心全意的陪伴下，一點一滴地成長進步。

全職親帶孩子，一定痛苦多於甜蜜嗎？其實不盡然，但可以肯定的是，全職媽媽這條路，真的酸甜苦辣說不盡……每年的母親節，國內幾家知名的親職雜誌或親職相關機構，都會針對媽媽們的育兒現況和心理狀態進行調查，幾乎每一年的結果都顯示：全職媽媽的壓力感高於職業婦女，而全職媽媽的壓力來源，不外乎是單薪家庭的經濟重擔、二十四小時全職育兒的疲累、失去工作成就的空虛……等等。

儘管有不少的研究指出，母親全職的陪伴對於孩子的情緒穩定和安全感建立，有極大幫助，但這些研究或專家建議，都是站在孩子立場鼓勵母親全職親帶，但媽媽們的心理和生理狀況呢？為了孩子放棄原本工作的全職媽媽們，在百分之百投身家庭之後，真的從此就過著幸福快樂的日子嗎？

前陣子熱門網站PTT上出現了

一則討論，原PO媽媽是一個打算請半年育嬰假的母親，為了不要白白浪費空暇時間，於是她上網請教身為全職媽媽的「前輩」們，是如何利用帶小孩的空檔時間。

短短幾小時之內，這則提問立刻獲得許多全職媽媽的回應，但回覆內容多半是：

「哪來自己的時間？我連洗澡的時間都沒有」

「想知道自己的時間是什麼？」

「沒生過的人，真的不了解全職媽在忙什麼。」

雖然只是簡短幾個字的回應，卻道盡所有全職媽媽，不足為外人道的辛苦與疲憊。

表面上看起來，全職媽媽好像擁有更寬裕的時間專心陪伴照顧孩子了，但實際上，全職媽媽的生理時鐘，卻是完完全全地受孩子的牽制。什麼時候起床、何時有空吃飯、幾點可以上床睡覺，通通得靠家中的「小老闆」決定。如果有哪一天孩子早一點上床睡覺了，對全職媽媽來說就是難能可貴的幸福，因為，今天又比昨天多了一點獨處休息的時間。

全職媽媽的工作說起來很簡單，就是「在家帶小孩」，但光這短短五個字，在精神體力上的付出，絕對不是三言兩語可以說得清楚，不是只有孩子的吃喝拉撒睡妳得全權負責，家事三餐也是妳的份內工作，光是這些大小雜事就夠耗費體力了，如果不巧哪天遇到孩子生病或是剛好情緒比較差，他可能一整天就掛在妳身上，讓妳什麼也做不了。

所以很多全職媽媽在孩子出生後沒多久，就因為抱寶寶、扛手推車，導致媽媽手或是筋骨痠痛，這些生理上的疲憊和折磨，都是只有全職媽媽才懂的苦。

01 二十四小時待命，全年無休

「哇—哇—哇」，寶寶宏亮的哭聲，打破房間內安靜的空氣，吵醒了熟睡中的媽媽曉晴。曉晴睜開酸澀的眼睛，瞥了一眼牆上的時鐘，時間顯示：早上八點半。

「老天啊！放過我吧！」曉晴在心裡哀怨地想著：「這孩子昨晚哭鬧了一整夜，直到早上五點才終於睡了，但怎麼只睡了三個鐘頭，立刻又醒了？」

當媽媽快三個月的這段時間，曉晴沒有一天睡超過四個小時，每天都跟孩子奮戰到清晨才有機會可以小瞇一下，但總是睡沒多久又被兒子的哭聲叫醒。

體貼老公隔天要上班，曉晴也捨不得要老公犧牲睡眠時間起來顧小孩，所以這三個月以來，她總是天亮才有得睡，還沒生孩子前，她以為新生兒跟書上寫的一樣吃飽睡、睡飽吃，結果根本不是這回事啊！

其實還好想睡的曉晴，卻一點也沒辦法偷懶，因為寶寶的哭聲越來越大聲，好像是在催促她：

「媽咪快來抱抱我！我需要妳！」她只能拖著疲憊不堪的身軀走向嬰兒床，一把抱起哇哇大哭的寶寶，轉身又看到客廳沙發上，昨天收下來還沒空折的一堆衣服，曉晴突然驚覺：過去那個乾淨整齊的我的家，到哪裡去了？現在沙發上堆滿沒空折的衣服，浴室門口的洗衣籃也還有寶寶昨天吐奶沒空洗的衣服·紗布巾。

孩子出生以前，不管上班再怎麼累，曉晴也堅持兩、三天就拖一次地，更別說會把髒衣物和碗盤留了好多天沒有清理。孩子出生之後呢？她已經記不起上次打掃家裡是什麼時候了，本來以為請了育嬰假在家帶小孩，就可以全心全意地照顧孩子、打理家裡，但現在呢？她孩子不但顧不好、家裡也亂得一團糟，想到這裡，曉晴突然好覺得好累、好沮喪，幾乎二十四小時專職照顧寶寶的生活，她有辦法支撐下去嗎？

很多人對全職媽媽的刻板印象，就是「在家閒閒沒事做」，顧個小孩而已嘛！不就是陪玩、餵飽孩子，有空的時候打掃一下家裡，這些小事會累到哪裡去？

全天候照顧一個甚至兩個以上孩子的疲累，真的只有親身經歷過的人才能體會，身為一個全職媽媽，妳的作息就是完全繞著孩子打轉，先從早上說起吧！妳不是比孩子早起準備早餐，就是還沒睡飽，孩子的哭聲一定準時喚妳起床，不管前一天幾點才有得睡，孩子幾點起床，妳就是幾點開始「上班」。早上眼睛一張開之後，全職媽媽就像高速運轉的陀螺，開始張羅孩子的吃喝拉撒睡，零碎的時間還得拿來打掃家裡、料理三餐。

跟工作有關的事，可以依輕重緩急的程度，按步就班處理，但跟孩子有關的事呢？孩子餓了不能等、尿布濕了不能等、病了吐了一地不能等，全職媽媽的工作說起來就是「立即」、「快速」、「一刻都不能等」，就連我自己，也是當了全職媽媽之後才知道，原來可以坐下來靜靜吃一碗麵或喝一杯咖啡，是多麼彌足珍貴的一件事。

新生兒時期，拖著產後虛弱的身體，妳得照顧不知道什麼時候會哭的寶寶，為了供應最充足的母奶，孩子醒時妳把他掛在身上親餵追奶，孩子睡了妳仍舊沒得休息，繼續擠奶、追奶，因為只要偷懶少擠幾次奶，可怕的乳腺炎立刻就找上門，不僅胸前兩顆又硬又漲的石頭奶痛得妳難受，乳汁阻塞引起的高燒更會讓妳全身無力。

如果妳的寶寶特別容易吐奶，光要餵飽他這件事，就得耗掉妳大半天的時間。我自己的老二就是這樣，剛出生的前三個月，女兒幾乎沒有一餐不吐奶的，為了降低吐奶的機率，我只能餵二十CC就幫她拍嗝休息，停頓一會兒再繼續餵奶。最高紀錄是餵一次奶得花上一個多小時，一整天下來，真的連喝口茶的時間都沒有。再加上新生兒日夜顛倒、作息還在建立，孩子出生的頭幾個月，妳大概算不清自己有幾個晚上睜著眼睛熬到天亮。

寶寶再大一點，可以睡過夜了，媽媽的睡眠時間總算可以拉得長一些，但白天寶寶醒著時，妳也沒輕鬆到哪裡去，畢竟孩子不是機器，會乖

乖照妳輸入的指令吃飯、洗澡、睡覺、收玩具。

光是吃飯這件事，就讓媽媽們不知死了多少腦細胞，進入副食品階段後，妳得花上好幾個小時磨食物泥、製作冰磚，辛苦大半天的結果，寶寶卻有可能一口也不嚐，要不就是把食物當玩具，抹得滿臉、丟得滿地都是，餵孩子吃頓飯跟打仗一樣，清理善後同樣也要花去不少時間。

忙了一上午，好不容易哄孩子睡了午覺，才有空坐下來吃自己今天的第一餐。但匆匆填飽肚子，又得趕在孩子睡醒之前打掃家裡、準備副食品或晚餐，否則等他醒來，妳大概又什麼都做不了了。

隨著孩子步入不同的人生階段，全職媽媽的忙碌也沒有停過。開始學站學走，妳一秒都不敢離開孩子身邊，就怕他摔傷、撞傷。開始戒尿布了，妳一天大概有一半以上的時間，都在把屎把尿、沖屁屁、洗褲子床單、擦地板。

照顧小孩更不是把他晾在一旁，就會乖乖獨玩讓媽媽做自己的事，妳要不就是絞盡腦汁陪玩，要不就是背著孩子晾衣服、煮飯、拖地。

就連勞基法都明定，勞工一天正常工作時數不得超過八個小時，全職媽媽們的工作時數呢？遠遠超過八個小時不打緊，沒有後援的全職媽媽更像孩子的便利商店，一年三百六十五天，全年無休。上班累的時候，可以趁通勤搭車的時間稍稍放空休息，每天也有固定的午休時間，但全職媽媽呢？若真想要有自己獨處休息的時間，大概只有晚上孩子入睡之後。但通常忙了一天下來，妳也累得一動也不想動了。

上班有週休二日、國定假日、年假可以休息，但全職媽媽呢？週一到週五的平日在帶小孩，週末、國定假日、過年，還是在帶小孩。我不知道多少次聽到，假日跟小孩相處兩天以上的職業婦女，半開玩笑地說：「快點放完假吧！我想趕快回公司上班」足見對不少人而言，在家帶小孩比上班累人多了。

全職育兒沒得休息的辛苦和疲憊，真的只有經歷過的人才懂。

02 孩子好黏人，好想喘口氣

早上八點半，美惠躡手躡腳地起身，深怕一個不小心吵醒熟睡中的孩子。她走進浴室裡準備刷牙，才剛扭開水龍頭，門外就傳來女兒妹仔的哭聲。

美惠顧不得滿口的牙膏泡沫還來不及吐掉，慌亂地朝著床上的妹仔大喊：「媽咪在這裡喔！乖，不要怕！」但妹仔的哭聲卻越來越大，她只好匆匆地拿毛巾抹了下臉、吐掉嘴裡的牙膏泡沫，用最快速度衝回床上抱起妹仔安撫：「媽咪來嘍！不要哭，乖乖。」感受到媽媽懷裡溫暖的妹仔這才慢慢停止哭泣，雙手撒嬌地攀向美惠。

牙才刷了一半的美惠，只能抱著女兒回到浴室，她右手抱著已經超過十公斤的妹仔，左手拿起牙刷繼續剛才未完成的動作。

從妹仔六個月大開始到現在快一歲了，美惠幾乎每天早上都是這樣度過，原本以為孩子只是因為剛睡醒，情緒不佳急著找媽媽，後來發現妹仔只要沒看到自己，便會立刻扯開喉嚨大哭，一定要哭到媽媽出現在眼前才會停止，不管是上廁所、洗澡、走進廚房喝水、走到客廳接電話……如果不抱著女兒一起，就等著聽震耳欲聾的哭聲。美惠只好背著女兒拖地、煮飯、收洗衣服，一整天下來腰都快站不直了，就連上廁所也不敢關門，就怕妹仔以為媽媽消失不見了。

妹仔黏媽媽的程度不只如此，有次老公回到家體貼地接手幫忙，忙了一天的美惠以為總算可以好好洗個澡了，沒想到才剛從客廳走到臥室，外頭隨即傳來妹仔哇哇的哭聲，無奈的美惠只好開著門讓女兒看她洗澡。

在家已經是這樣了，帶出門更嚴重，只要路人一靠近，妹仔立刻害怕地要美惠抱抱，就連回婆家和娘家也是一樣，兩邊的阿公阿嬤想抱一下心肝孫女都不行，時間久了，這樣的話難免會傳到美惠耳裡：「怎麼這麼小氣？阿公阿嬤抱一下都不行！」

「ＸＸ的小孩都不會這樣，妹仔這樣不行喔！」

「這麼黏媽媽，以後上學怎麼辦？」

這些話在美惠聽起來，好像都在指責她：「妳怎麼把小孩帶成這樣？」全職帶小孩的生活已經夠累了，女兒黏踢踢的程度，更讓美惠一點喘息的時間都沒有，真的是她這個媽媽太失敗，才把小孩帶成這樣的嗎？

母子連心，孩子黏媽媽其實是再正常不過的現象，尤其是二十四小時完全陪伴在孩子身邊的全職媽媽，更是孩子最主要的安全感來源。對母親而言，被孩子需要的感覺確實十分甜蜜，但完全不能離開孩子視線的狀況，時間久了難免也成為一種困擾。畢竟全職媽媽不是每天抱著寶寶，什麼都不用做就好。

孩子一秒鐘都不願意跟媽媽分開，而家裡又有那麼多大小事要處理，辛苦的媽媽們只好抱著或背著一個超過十公斤的娃兒做家事，再黏人一點的孩子，甚至連媽媽上廁所也要抱著，一段時間下來，再強壯的身體也會吃不消。

孩子黏人，不只媽媽的所有行動就像受到牽制一樣，做什麼事都綁手綁腳，忙得焦頭爛額時，如果耳邊又傳來寶寶討抱要媽媽的哭聲，真的很難平心靜氣地面對眼前的一切。全職媽媽又不像職業婦女，有白天上班的時間可以跟家裡的一切暫時隔離，黏人的孩子就如同二十四小時無法脫手的隨身行李，緊緊攬住媽媽不放，縱使有再濃烈的母愛，說真的也會有喘不過氣的時候。

有時就算另一半或家人體貼地想幫忙，但黏人的孩子卻未必肯接受媽媽以外的人，不管是洗澡、穿衣服、吃飯都指定要媽媽，只要媽媽不在身邊，就是哭得一把眼淚一把鼻涕的。帶出門時更是完全不讓任何陌生人靠近碰觸自己，然後忙著安撫寶寶的媽媽已經夠累了，這時候如果又聽到路人的一句：

「怎麼這麼怕生？羞羞臉喔！」

「很少帶出門厚，才會這麼愛哭！」

「這麼怕生，要趕快送去上學啦！」

媽媽內心的小宇宙真的會爆炸！

不只素昧平生的陌生人會說出這種讓人沮喪的話，婆家和娘家的親友面對不給抱的寶寶，無奈之餘也很容易說出傷媽媽心的話，有的長輩甚至會脫口而出：「妳就是都自己帶，小孩才這麼黏妳！」這些無心的話語，聽在全職媽媽耳裡，其實句句刺耳，也句句傷人，因為這好像都在指責我們：「孩子都是妳在帶，怎麼帶到變得這麼愛哭？」

如果可以，我們也不希望小孩跟無尾熊一樣，整天掛在自己身上啊！如果可以，我也想把小孩教得獨立，讓自己多點休息時間啊！

親愛的全職媽媽們，請不要沮喪！因為不是只有妳家的孩子專黏媽媽，當然更不是妳把孩子帶成這樣的。對心智尚在發展階段的孩子來說，他們本來就是靠著依附主要照顧者來獲得安全感，全職媽媽又是二十四小時跟寶寶相處的人，所以「非媽不可」的情況更是常見，媽媽們不妨用正面的心情去看待〇到二歲寶寶的分離焦慮期，因為這是為寶寶建立安全感的大好時機，在這個階段媽媽如果可以和寶寶建立起良好的依附關係，這對他們未來人際關係的發展是很有幫助的。有不少研究都證實，

擁有安全型附關係的孩子在長大之後，通常會比較正向、開心，也比較容易信任別人。

所以換個角度想，全職媽媽反而擁有更充裕的時間，可以好好陪伴寶寶走過這段分離焦慮的過渡期，說不定隨著孩子越來越大，妳還會回過頭來想念這段孩子除了自己誰都不要的甜蜜時光呢！

03 沒有生病的權利，再累也得撐下去

「哈啾！哈啾！」正在廚房替女兒準備午餐的郁文，突然噴嚏打個沒完，她吸了吸鼻子，有點擔心地想：「糟糕！該不會是被波比傳染感冒了吧！」

波比是郁文兩歲的女兒，感冒已經好幾天了，這幾天的晚上，不只波比在半夜因為鼻塞不斷醒來，郁文也為了照顧生病的孩子連續幾天沒有睡好，白天又一樣忙進忙出張羅波比的大小事，幾乎沒什麼休息再加上忘了戴口罩，說起來是真的有可能被孩子傳染感冒。

不過郁文實在沒空去推論這些，因為在客廳的女兒不知道發生了什麼事，突然哇哇大哭起來。

「波比怎麼啦？怎麼突然哭了呢？」郁文走出廚房一把抱起女兒安撫，波比指著地上倒塌的積木哭喊：「我的積木！」。

原來是剛才疊到一半的積木倒了，急得波比嚎啕大哭，郁文抱著女兒走向餐桌，不斷安撫她：「沒關係，我們先吃飯，吃完媽媽再陪妳重堆積木，好不好？」

好在波比不算一個太固執的小孩，在媽媽的安慰之下，很快地停止哭泣，乖乖坐在餐椅吃飯，忙了一個早上的郁文這也才終於有空，坐下來跟女兒一起午餐。

「哈啾！」才吃沒幾口，郁文又開始覺得有點不對勁，頭有點重，身體也覺得好像熱熱的，她摸了摸自己的額頭：「慘了！好像發燒了！」

郁文在心裡不妙地想著，她趕緊拿了口罩戴起來，深怕波比被自己傳染，感冒又更嚴重。

好不容易讓波比吃完午餐，郁文連洗碗的力氣也沒有，就把女兒帶進房間準備午睡，因為她已經快撐不下去，只想躺在床上好好休息，沒想到波比居然還記得剛才媽媽答應要重堆的積木，二話不說大哭起來：「積木！我要玩積木！」

越來越不舒服的郁文，其實體力和耐性都已經快到極限了，她用最後一絲的理智安撫波比：「寶貝乖，媽咪身體不舒服，我們先睡覺，睡醒再玩積木好不好？」

但一心只想玩積木的波比，哪裡聽得進去，她開始大發脾氣：「我要玩積木！我要玩積木！」

波比一邊哭喊一邊踢著雙腳，刺耳的哭聲讓郁文越來越煩躁，對著哭個不停的波比大吼：「夠了沒啊？就跟妳說了我身體不舒服，一直發脾氣是怎樣？我休息一下不行嗎？哭哭哭，吵死了！」

波比被媽媽突如其來的怒吼聲給嚇到，哭得更大聲了：「媽媽好兇！嗚嗚嗚！媽媽最討厭了！」

看到被自己嚇得大哭的女兒，郁文心頭浮起一絲歉意，自己身體不舒服，牽怒到女兒身上做什麼呢？但她真的好想躺下來休息一下啊！現在才一點多，距離老公下班還有好幾個小時，又不可能丟著女兒不管自己進房休息，身為全職媽媽，真的一點點生病的權利都沒有啊！

相信所有的媽媽一定都認同這句話：「媽媽沒有生病的權利。」

這句話看起來不近人情，但卻又殘酷地非常符合現實，尤其是對二十四小時育兒的全職媽媽而言。畢竟職業婦女如果生病了，還可以跟公司請假，將孩子托給平時的照顧者，待在家裡休息。但親自照顧孩子又沒有後援的全職媽媽呢？如果一個不注意生病了，孩子可以托給誰？而生病的自己又仍舊得二十四小時貼身照顧孩子，更有可能也把病毒傳給孩子，所以全職媽媽生病也很常面臨一種狀況：好不容易媽媽病好了，還得繼續照顧不小心被自己傳染的孩子。

在體力精神都好的情況下，二十四小時全職照顧小孩，已經是非常辛苦疲憊的事了，假始拖著的身體，還得照顧一個甚至兩個以上的孩子，那對媽媽體力和耐力

的考驗更是加倍，不只得硬撐著病痛的身體繼續處理小人的吃喝拉撒睡，如果不巧孩子在妳生病的那幾天情緒也不太穩定，那還不是只要忍耐身體的不適就好。

當了全職媽媽以後，妳才知道，就連想「好好生個病」都成了一種奢求。畢竟孩子不會因為妳病了就不用洗澡、換尿布，也不會因為妳病了就不需要吃飯、陪玩。

我自己就曾在剛生完老二不久，因為乳腺炎高燒到三十九度，婆家娘家兩邊的親人又都住得有段距離，所以即使因為高燒幾乎全身無力，還是得強打起精神照顧兩個孩子。當時哥哥四歲，而妹妹是尚在喝母奶的新生兒，我一邊擠奶一邊在心裡為自己加油打氣，告訴自己一定要撐到先生下班。

好不容易等到老公用最快的速度把原本需要繼續加班的公務排開，到他回家接手兩個孩子，也已經是晚上九點的事了，從早忙到晚的我才有辦法抽身，火速直奔婦產科掛急診，看完醫生回到家後，我當然還是沒辦法好好睡一覺，因為女兒半夜還是會哭醒討奶，隔天醒來，我也還是有兩個孩子要照顧，「為母則強」的天性，也真的讓我度過這段自己訂月子餐兼一打二的日子。

現在回頭看看這段過程，其實已經忘了當下的病痛和辛苦，畢竟現在看看兩個孩子活潑健康、開心玩樂在一起的畫面，對我而言就是最無價的鼓勵和安慰，相信對所有因為生病仍舊沒得「請病假」的全職媽媽而言也是。

在孩子年幼的時候，因為抵抗力尚在建立，一、兩個月感冒一次是很正常的，然後因為貼身照顧孩子，母子之間病毒相互傳來傳去，更是司空見慣的事。

身為全職媽媽的我們也只能在心裡安慰自己，這只是一個過程，等孩子越來越大，抵抗力越來越強，這些辛苦的日子，都會變成我們育兒生涯裡難忘的回憶！

生理好累：全職媽媽能怎麼辦？

1. 建立屬於自己的後援系統，不管是先生或是雙方的長輩，都要讓自己在特殊情況下有人可以暫時接手孩子，媽媽不是鐵人，絕對會有病了、累了的時候，另一半和長輩親友的適時支援很重要。

2. 善用方法改善孩子只黏媽媽的情況，多帶寶寶外出走走接觸外界，偶爾也可以適時讓另一半或其他親友接手寶寶，一開始媽媽可以在旁陪伴，然後逐漸拉長和孩子暫時分開的時間，和孩子分開時，一定要告訴他媽媽去哪裡，什麼時間再回來，絕對不可以因為怕寶寶哭鬧，選擇不告而別。

3. 家中有人感冒時，務必戴上口罩避免病毒相互傳染，保持外出回到家洗手漱口的好習慣，這些小動作都可以降低家庭成員生病的機率，擁有健康的身體才有足夠的體力照顧孩子。

PART 3 心理上的煩擾

全職媽媽之所以不是人人都做得來的工作，就在於它讓人疲累的，不只是生理上的煎熬考驗，做為一個在旁人眼中「閒閒在家，沒辦法出去工作賺錢」的全職媽媽，在心理上要承受的壓力，遠比外人想像得還要沉重。國外曾有一個女性網站，列舉了全職媽媽們最不想聽到的話，這些話包括了：

「妳有空的時候都在做什麼？」↓全職媽媽聽在耳裡想的是：「有空？我哪來的有空？」

「如果妳很累，為什麼不跟寶寶一起午睡？」↓全職媽媽聽在耳裡想的是：「寶寶午睡，我還有碗要洗、地要拖、寶寶的下一頓飯要弄，哪來的時間一起午睡？」

「不用工作一定很棒吧！」↓全職媽媽聽在耳裡想的是：「你來做做看，保證帶一天小孩你就想上班了！」

「妳老公真厲害，我可養不起沒工作的老婆！」↓全職媽媽聽在耳裡想的是：「我也很想出去賺錢啊！但孩子怎麼辦？」

「妳什麼時候打算回到職場？」↓全職媽媽聽在耳裡想的是：「難道我在家帶小孩，就一點貢獻也沒有嗎？一定要回到職場，才算對家庭有貢獻？」

「妳再也沒時間好好讀本書，或去旅行了！」↓全職媽媽聽在耳裡想的是：「我現在只想要有好好吃飯和睡覺的時間！」

上面這幾句話，是否也是身為全職媽媽的妳，最不想聽到的話？同樣身為全職媽媽的我，更知道在全職這條路上，聽了會讓人難受的話，不僅僅只有這些。

並不是我們這些媽媽抗壓性太差，而是當我們心甘情願地將個人成就放在另一半和孩子後面，又傾盡全力為家庭付出之後，卻感受不到來自周遭一點點善意的關懷和鼓勵，全職媽媽們心裡承受的苦，又豈是三言兩語可以道盡？

01 和孩子面對面的孤單，感覺好寂寞

又是五月，麗雯最討厭的梅雨季節，陽台的衣服怎麼晾也不會乾，烘乾機和除濕機幾乎沒有停止運轉過，滴滴答答的雨聲已經讓人心情夠煩躁了，連續好幾天的大雨，讓她想帶孩子出門透透氣也沒辦法。

「好想出門走一走啊！關在家裡這麼多天，人都快發霉了！」

麗雯想起沒生孩子前，下班有空就跟老公去看場電影，假日或遇到長假，兩個人總是甜甜蜜蜜地規劃出遊，那樣的日子真好真甜，但也離自己好遙遠……

原本婚後在工作和家庭的天秤兩端，麗雯還算能夠取得平衡。她工作能力不錯，放假時也不會忘了把家裡打掃得乾乾淨淨，所以結婚後的生活對她而言，並沒有太大的改變。

沒想到懷孕後期因為寶寶的狀況不太穩定，甚至可能有早產的風險，麗雯只好在醫生的建議之下，辭去工作專心待產。而寶寶出生之後，她自然順理成章地當了全職媽媽。

兒子醬醬剛出生前半年，麗雯幾乎沒有一天是一覺到天亮，醬醬淺眠又不容易入睡，一點點聲響就會驚醒大哭。還在餵母奶的麗雯常常是哄完兒子睡又得忙著擠奶，或是才剛擠奶完，醬醬又哭醒了。所以前半年全職的日子，麗雯幾乎鮮少跨出家門，就連買菜也得趁假日老公在家的時候，一次把一週的食材補齊。因為平日的白天能有時間補眠就夠值得珍惜了，哪來的體力和心思帶兒子出門走走？

好不容易等醬醬能睡過夜後，麗雯的作息也跟著比較固定，她才有辦法開始帶著孩子出門。但也只僅限於上市場買菜、到公園走走，仔細想想，當媽這一年多的日子裡，麗雯的生活圈除了家裡、菜市場、附近公園，好像就沒別的地方。

有時想想，心裡都有一種不知為何而起的落寞。她愛老公也愛孩子，當然更愛他們三人共築的家庭，但白天老公忙上班，每天幾乎只有她和孩子面對面的孤單，想找個人說說話，都不知道能找誰……有什麼辦法，能讓自己全職的日子過得有生氣一點呢？

妳還記得單身時的自己，日子過得多麼瀟灑嗎？妳還記得只有妳跟老公的兩人世界，多麼甜蜜自在嗎？為什麼孩子出生之後，明明是多了一個家庭成員，妳卻覺得越來越孤單？

當了全職媽媽後的妳，每天眼睛睜開後，就像停不下來的陀螺，繞著孩子和家務團團轉，日子過得好忙好忙，但心裡卻好像有那麼一點空空的。

孩子醒著活力旺盛的時候，巴不得他快點玩累，小睡一會兒，但當孩子真的午睡了，只剩妳待在靜悄悄的屋子裡，這才發現，想找個人聊聊天卻不知道能夠找誰。

過去工作再忙再累，辦公室裡還有同事可以互吐苦水，被老闆或客戶刁難時，同事更能完全理解妳的心情。現在呢？在只有妳跟孩子的生活裡，有人懂全職媽媽的心事嗎？如果跟同齡的朋友比起來，妳又早結婚了一點，那可能更是孤單。當還是單身貴族的朋友們在血拚、喝下午茶時，妳可能在市場和攤販殺價、忙著餵孩子吃飯；她們在煩惱這個假日去哪玩時，妳擔憂的可能是孩子已經便祕好幾天、挑食好一陣子、咳嗽咳了一個禮拜還沒有好……這類微小卻最困擾媽媽的問題。

過去無話不談的姐妹淘，在妳當了全職媽媽之後，竟也默默地變成兩個世界的人了，這教人怎麼不覺得感慨和落寞？

全職媽媽不只要忍受沒有同事朝夕相伴工作的孤單、沒有閨蜜可以隨時相約下午茶的孤單，還得忍受白天老公不在家，自己一肩扛起寶寶和家務的孤單。假始另一半的工作時間長甚至是派駐在外地，那真的會像偽單

親媽媽一樣。

從孩子白天醒來一直忙到晚上他入睡，孩子的爸可能都還沒踏進家門。好不容易盼到老公回來，在家悶了一天的妳，興致勃勃地想分享孩子今天發生的趣事，但累了一天的他卻顯得興趣缺缺，只想快快洗澡上床睡覺。

偽單親的職業婦女，上班時還有同事可以吐吐苦水，情緒發洩完再打起精神面對。但偽單親的全職媽媽呢？心裡有話想說的時候，一時之間還真不知能說給誰聽，因為連最親密的另一半，都未必理解自己的心思。

當初之所以會步入婚姻，不就只是為了和心愛的他共組家庭嗎？為什麼在兩個人有了愛的結晶之後，孤單的感覺卻越來越深？

身為全職媽媽的妳，也常有這種孤軍奮鬥的感覺嗎？

知道嗎？跟妳相同感覺的全職媽媽並不少，妳們都一樣深愛先生和孩子，為了這個家，甘願把自己的成就放在最後面，光就這個相同點，其實妳就已經不孤單了。只要妳願意敞開心胸，多帶孩子外出走走，結織年紀相仿的媽寶朋友，漸漸地，生活圈子拓展了、新朋友多了，心裡孤單的感覺自然會慢慢淡去，全職的日子也會不再那麼乏善可陳喔！

02 管教孩子的無力感，誰能幫幫我？

巧娟帶著兩個孩子出門買東西，一大兩小提著大包小包頂著烈日走回家，家門還沒打開，兩個孩子就爭先恐後搶著，看誰可以先進到屋內。

「我先！」

「我先啦！今天我要第一！」

「你真的很討厭耶！每次都要搶！」

「你才討厭咧！明明就我先進來的！」

連鞋子都還沒脫好，兄弟倆就吵了起來。你一句我一句音量不小的對話，讓巧娟聽了也心煩起來：「好了啦！這樣也要吵，你們不煩我都煩了，誰先進門有差嗎？」

巧娟一邊斥責一邊整理著剛才採買的日用品，才安靜沒幾分鐘的兩兄弟又吵了起來。

「你幹嘛拿我的東西啊！那是剛剛媽媽買給我的鉛筆！」哥哥小力不高興地質問弟弟阿寶。

「借一下有什麼關係？小氣！」阿寶也不甘示弱，立刻把鉛筆丟回去：「還你就還你，有什麼了不起！」

看到阿寶把自己的新鉛筆丟在地上，小力氣壞了，他一掌朝弟弟的背拍打下去，氣呼呼地罵：「誰准你丟的！那是我的新鉛筆，你丟地上幹嘛？去給我撿回來！」

被哥哥打了好幾下的阿寶痛得大哭：「媽媽，哥哥打我，好痛！嗚嗚嗚」阿寶抽抽噎噎地找媽媽討公道。

「又來了！」巧娟在心裡怒吼，早也吵、晚也吵，她真要煩死了！原本是想替老大添個伴，她又是自己帶孩子的全職媽媽，才會趕在兩年內生完兩個孩子，決定要累就一起累。所以小的出生時，大的才剛滿兩歲，她常常是餵完小的喝奶，又要趕著餵大的吃飯。

弟弟會爬會走後，兩個男孩的精力、破壞力更是無限，家裡每天都像被炸彈轟過一樣。

弟弟越來越會講話之後，兄弟倆更是什麼都能吵，打起來更是常有的事。她一天不知道要聽到幾次，孩子們叫喊媽媽告對方狀的哭聲，她也試過輕聲細語地要兩個孩子和平相處，但他們就像聽不懂國語似的，非得吵到她抓狂怒吼，甚至拿出棍子作勢要打，才能換來片刻的安靜。

巧娟也想當一個溫柔的媽媽啊！但管教孩子真的不是一件容易的事，沒當媽之前，她真不知道小小孩鬧起脾氣來是這麼可怕的事。處理一個小孩的情緒就已經夠累人了，多了弟弟之後，兩兄弟還會輪流埋怨她這個當媽的偏心不公平。管教孩子的無力感，常常都讓巧娟覺得好累、好沮喪……

相信所有帶過孩子的人都認同，教小孩要比養小孩困難多了，養小孩考驗的是你們夫妻的經濟能力和體力，但教小孩卻不只是努力賺錢、付出體力照顧這麼單純的事而已。教養這件事，甚至可以說是沒有規則可循。

孩子的年紀雖小，卻個個都有自己的想法和主見，即使妳再怎麼努力讓孩子的作息穩定，固定睡覺、喝奶、用餐的時間，但小小孩的情緒卻不是妳能控制的，妳無法預知孩子什麼時候會發脾氣，更無法理解為什麼只是公車鈴沒按到、喝水的杯子不對、衣服先幫他穿好……這些雞毛蒜皮的小事，就可以惹得小小孩大發雷霆，甚至一哭就是一個鐘頭，搞得全家都人仰馬翻。

最可怕的是，小小孩鬧起情緒來，更是沒在管時間、場合對不對的。他們可能在人擠人的公車捷運上就哭了起來，可能坐在百貨公司的地板上就要起賴來，更可能上一秒還開開心心地玩，下一秒就像世界末日似地情緒崩潰。妳根本還來不及搞清楚到底發生什麼事，身邊的孩子就已經哭得天崩地裂了。在家也就算了，任他怎麼哭怎麼鬧，關起門來都是自己家裡的事。如果是在外面呢？妳不只要處理孩子的情緒，還得承受旁人的側目。

全職媽媽因為是孩子的主要照顧者，只要孩子有一點點的不對勁、或是行為表現不符合外人的期待，很容易就會聽到像是：

「妳是怎麼教的？這孩子脾氣怎麼這麼差？」

「小孩妳每天在帶，怎麼帶得這麼不聽話？」

這類質疑否定的話。好像身為一個全職媽媽，教出來的孩子就必須是人人稱讚的才行，因為「帶孩子就是妳全部的工作」，大家似乎都忘了，家庭教育不僅僅是媽媽一個人的責任而已。

等孩子再大一點，表達和理解能力好一點了，他們胡亂發脾氣的次數或許會隨著年齡成熟而減少，但對妳而言，教養的難題其實並沒有減少。

孩子開始上學，開始和家人以外的老師同學相處，妳掛心他進入團體生活的適應情況，也擔憂他會不會跟同學起衝突，讓老師難管教，甚至緊張他的學習狀況、成績會不會落後別人一大截。然後又因為妳是一個全職媽媽，孩子在校的行為表現，就像是在替妳的教養方式打分數一樣。

孩子表現得好，是理所當然的：

「因為這孩子的媽媽不用上班嘛！當然能夠全心全意陪伴管教。」

如果不巧，孩子表現得有一點點的偏差呢？

「妳這個全職媽媽是怎麼當的？只要顧小孩就好，還把小孩教成這樣？」

好像身為一個全職媽媽，孩子好壞成敗的結果就全落在妳身上。但因為管教孩子衍生出來的無助感，又有多少人能夠理解？甚至能給予全職媽媽們一點點正向的鼓勵呢？

03 連另一半也要質疑，我的付出算什麼？

傍晚六點，佳玲把炒好的最後一道菜端上桌，就等老公浩民待會回到家開飯。最近老公很忙，為了一個案子已經連續加了好幾天的班，家裡的晚餐也連續好幾天，都只有佳玲和兩個孩子一起吃了。終於，下午時佳玲收到老公傳的訊息，告訴她今天不用加班，會回家一起晚餐。所以她早早就開始準備，還特地做了幾道老公喜歡吃的菜，爐子上的雞湯也是燉了一下午的，打算好好幫老公補一補。

「哥哥，帶妹妹去洗手，等一下把拔回來就準備開飯了。」佳玲朝客廳喊著，兩個孩子眼睛卻只盯著電視裡的卡通一動也不動。

「我說，帶妹妹去洗手，把拔快回到家吃飯了！」佳玲音量又再提高了一點，但還是沒有聽到孩子們的回應，她索性走到客廳，二話不說把電視直接關掉：「是要叫幾次啊？叫你們吃飯還要拜託你們才肯去吃是不是？」佳玲開始對著兩個孩子發飆。

眼見媽媽生氣了，哥哥小偉立刻走進廚房洗手，快三歲的妹妹彤彤年紀比較小，想看的卡通被關掉了，眼前的媽媽又兇巴巴地罵人，馬上就扯開喉嚨大哭：「媽媽好兇，嗚嗚嗚」尖銳的哭聲讓佳玲聽了更煩躁。

她不耐煩地吼著：「哭什麼哭？現在就跟哥哥去廚房洗手！」佳玲邊說邊伸手去拉彤彤，沒想到彤彤倔得很，堅持坐在沙發上大哭。

佳玲覺得自己的耐性已經到達極限了，她一把抱起沙發上的女兒，氣沖沖地要往廚房走，彤彤一邊踢腳掙扎一邊哭鬧：「我不要！我不要！」

母女倆還在僵持的時候，浩民回來了，腳還沒踏進家門，他就聽到女兒的哭聲。

「發生什麼事了？彤彤怎麼哭成這樣？」浩民不解地問。

彤彤見到爸爸回來了，立刻撒嬌地伸手向爸爸求救：「把鼻抱抱！把鼻抱抱！」

佳玲餘怒未消，更不想讓彤彤以為犯了錯找爸爸討救兵就好，所以出聲制止：「先去洗手，妳不要以為把拔回來就可以當做沒事，去洗手吃飯。」

浩民看著淚汪汪的女兒很是心疼，也不明白佳玲火氣幹嘛這麼大，他伸手把女兒抱起來，不解地問：「不過就是叫孩子洗手吃飯，妳發這麼大脾氣幹嘛？好好跟孩子說話很難嗎？我上班一天已經很累了，回到家還要幫忙哄小孩，很煩妳知不知道？」

聽到老公這麼說，佳玲一肚子委屈跟不滿！

她把這幾天類單親生活忍受的疲憊全部發洩出來：「煩？你有我煩嗎？請問你一天跟小孩相處幾個小時？你聽的哭聲有我多嗎？」

佳玲不明白老公為什麼總是這樣，永遠覺得『全職媽媽在家帶小孩很閒』，永遠質疑『妳在家帶小孩能有多累？有比我在外面上班累嗎？』

她不是肩不能扛家務、手不能抱小孩的嬌弱公主，她只是一個希望得到老公支持肯定的全職媽媽，這一點小小的要求，很難嗎？

相信所有的全職媽媽都一樣，不管在家帶小孩的日子有多麼磨人，只要另一半明

白體諒自己的付出，願意在他時間允許和能力所及範圍一起分擔家務，那麼真的再累都不會喊苦。但實際上，明白全職媽媽不好當的另一半真的有那麼多嗎？

對許多全職媽媽的另一半而言，太太只要在家專心顧小孩就好，不用像職業婦女那樣家庭工作兩邊奔波，應該是很幸福快樂的啊！但這些爸爸們卻忽略了，現代的社會型態不比以前，女性的工作成就和薪水收入一點也不比男性差，對她們而言，辭職回家帶小孩就等於是告別過去在職場上苦心累積的成就。而全職在家的日子，也縮小了這些媽媽的生活圈。

這種情況下，如果還時不時聽到老公冒出一句：「就只

是帶小孩而已，妳有這麼累嗎？」、「妳一整天都在忙什麼，家裡這麼亂，為什麼不能打掃一下？」這些話不管是有心還是無意，都可能是引爆全職媽媽怒火的地雷。

不只無法理解全職照顧小孩的辛苦，有的老公還不知道為什麼，總認為攸關孩子的大小事都是全職媽媽該負的責任。小孩哭鬧發脾氣劈頭就問：「妳小孩是怎麼教的，怎麼脾氣這麼差？！」小孩生病也責怪：「妳小孩是怎麼顧的？怎麼一天到晚生病？」好像這個跟著爸爸姓的小孩，是媽媽一個人的一樣。

如果遇到愛拿別人家情況和自己比較的另一半，那要承受的壓力更是大！

「我同事的老婆都有上班，下班回家還要顧小孩，妳只要顧小孩就好了，還不夠輕鬆嗎？」

「××媽媽帶小孩上很多課耶，那麼用心在教小孩，妳也跟人家學一學。」

「×××的小孩已經認得數字了，我們家的怎麼都不會？」

這些話好像都在告訴全職媽媽，妳沒有上班賺錢，沒有資格喊苦，妳二十四小時全職陪伴教出來的孩子，什麼都不會，一點也比不上別人。而這些否定質疑的話，還是出自最親密的另一半口中，對全職媽媽而言，真的是加倍的傷害。

其實全職媽媽的要求不多，我們只希望心愛的老公在下班的時候，能夠體貼地說一句：「老婆妳辛苦了。」在回到家的時候，願意陪伴期待爸爸下班的孩子。那麼對我們而言，這點點滴滴小小的甜蜜，都會蓋過一切辛苦的！

只是，婚姻關係並不會光靠期待和想像就能甜蜜幸福，與其因為另一半的言行影響心情，甚至引爆夫妻爭執。不如直接平和地告訴對方妳的感受：

「你說這種話，我聽了心裡很難過。」

「我知道你很擔心寶寶生病，我心裡也跟你一樣難受。」

這樣的說話方式，絕對好過：

「上班賺錢就很了不起嗎？家裡的事都我的責任就對了！」

「小孩生病是我願意的嗎？不然你來照顧看看！」

除了改變溝通方式，平時也要把握機會，多向老公表達感謝，謝謝他辛苦工作賺錢，讓妳得以安心在家帶小孩。

很多爸爸之所以對家務和育兒的主動性不夠，是因為參與感不夠的緣故。所以適時地先將簡單的家務交給另一半負責，即使他做得不如自己謹慎細心，也要多用鼓勵取代批評，才能增加他的信心和參與感。

在通訊軟體發達的現代，即時地把孩子可愛的影像傳給老公看，也是很好的方法。讓他即使不在家裡，也像時時刻刻參與你們的生活一樣，讓他知道妳每天都在忙什麼、陪孩子做了什麼，他會更明白，全職媽媽不是閒閒沒事待在家而已。

當然也別忘了在訊息裡告訴老公：「上班辛苦了，我跟寶寶都會為你加油！」

當妳試著改變說話方式和另一半溝通之後，或許會發現原本那個滿口指責和不夠體貼的老公，也逐漸有了轉變，原本緊繃的夫妻關係相信也會和緩許多喔！

04 外人閒言閒語多，全職媽媽快爆炸！

連下好幾天的雨，天氣終於放晴了，菁菁帶著剛滿一歲的女兒小花到公園透透氣，母女倆走累了坐在遊戲區的椅子上休息，在家悶了兩、三天的小花，看到前方的溜滑梯興奮地不得了，手指著溜滑梯咿咿啊啊地叫喊著。

「好可愛喔！妹妹幾歲了？」坐在旁邊的奶奶開口問了菁菁。

「上個月剛滿一歲」菁菁笑著回答。

「跟我孫子差不多大耶！會講話了沒？」奶奶接著問

講話？才剛滿一歲的孩子就應該要會講話了嗎？菁菁覺得奇怪，想也沒想地就直接回答：「還不會啊！她才剛滿一歲哪會講什麼話？」

「誰說一歲不會講話？」奶奶很不以為然：「我孫子現在已經會叫爸爸‧媽媽‧爺爺‧奶奶了呢！妳要多跟她講話，一直教她啊！一歲了也該開始教她戒尿布了……」奶奶開始發表育兒長篇大論。

天哪！又是一個用嘴巴教妳怎麼帶小孩的路人！菁菁在心裡大叫。

不知道為什麼，路人對帶小孩這件事特別多意見。講好聽一點是熱心，說白一點是多管閒事。小至怎麼還在吃奶嘴、包尿布，大至怎麼還不去上幼稚園、會說的話怎麼這麼少，不同的路人就有不同的意見。

更莫名其妙的是，大部份的人聽到她是全職媽媽，不是說：「不用上班只要在家帶小孩，好好喔！」要不就是問：「老公一定很會賺喔？妳才可以不用上班！」彷彿都在告訴她：能在家帶小孩是天大的恩惠，有一點點的埋怨和不滿，就是不知足。而她這個全職媽媽教出來的小孩，更好像不能有一點點不如人，否則就是她不夠盡責。

菁菁好想告訴這些路人和三姑六婆，孩子是我自己的，要怎麼教育是我和先生的事。還有，她非常珍惜能親帶孩子的時光，但不代表身為全職媽媽的自己，就完全不會有疲憊或心灰意冷的時刻。

如果外人能夠少一點閒言閒語該有多好，那麼她全職的日子一定會過得更開心自在！

前陣子有個媽媽帶著未滿週歲的寶寶搭公車，沒想到寶寶卻在公車上開始哭鬧，即使媽媽不斷安撫仍舊無效，寶寶的哭聲傳遍整台公車，同車的一名男性乘客被吵到受不了，開口要求這位媽媽帶著孩子下車，最後媽媽只好無奈地帶著孩子下車。

整個過程被其他乘客拍下傳到網路上，新聞一出立刻引起網友熱烈討論，有人認為嬰兒哭鬧也不是媽媽能夠控制的，男乘客要求他們下車未免太過無情；但也有人認為嬰兒的哭聲確實是蠻擾人的，影響到同車乘客就應該自己下車。

不管是哪一種想法，這個事件的確證實了，每個人對於跟孩子有關的事，都各有各的想法，而這些想法和意見更多多少少造成了媽媽們的壓力。

身為媽媽的妳一定非常同意，從驗到兩條線的那一刻開始，路人的「關心」和「建議」就沒有少過。

懷孕的時候，大家會指著妳肚子問：「男的還是女的啊？」是男的就會說妳命好，是女的會叫妳下一胎再拚男的；吃東西也要給妳意見：「妳懷孕怎麼還吃冰的、辣的垃圾食物？」

寶寶出生以後帶出門，妳時不時就會聽到：

「已經×歲了，怎麼還在包尿布、吃奶嘴？」

「怎麼這麼瘦，妳都沒給小孩吃飯啊？」

二十四小時跟孩子相處在一起的全職媽媽，承受外人關注的壓力又更大了，孩子有任何問題，所有的矛頭都指向妳。

「妳全職自己帶，怎麼不堅持餵母奶？」

「小孩都妳在帶的，怎麼

一天到晚生病？」

「妳就是都自己帶，小孩才這麼黏妳！要快點送去幼稚園啦！」

不只孩子不能有一點差池，全職媽媽還因為家中經濟重擔在先生身上，難免會聽到這類的話：

「真好，不用上班賺錢，我就沒這麼好命！」

「妳老公一定很會賺厚？妳才不用幫忙上班賺錢。」

說這些話的人其實不知道，並不是每個全職媽媽的另一半都收入豐厚，甚至有些全職媽媽是甘願放棄自己原先還不錯的薪水，回歸家庭陪伴孩子成長的。對她們而言，能夠時時刻刻陪在孩子身邊，遠比能賺進多少錢來得重要。外人隨便一句「好命」、「妳老公很有錢厚」，其實都是在否定這些全職媽媽的付出和用心，好像她們是因為懶得上班或是想靠老公養才選擇在家帶小孩。

不只無關緊要的路人一堆閒言閒語，全職在家帶小孩還有可能聽到來自公婆這麼一句：

「錢都是老公在賺，妳要省一點。」

「老公上班一天已經很累了，妳小孩要顧好，不要去吵他休息。」

在外上班賺錢的爸爸很累需要休息，在家二十四小時照顧孩子的媽媽，難道就完全不准喊累？沒有休息喘一口氣的資格？

對內，全職媽媽要一肩攬下家務育兒，身心理都已經夠疲累孤單了；對外，還得承受來自周遭親友，甚至只是萍水相逢的路人，有意無意的冷嘲熱諷，全職媽媽心裡的苦，真不是三言兩語可以道盡的。

05 失去職場的光環，育兒沒有成就感

中午時分，帶著兒子出門玩了一個早上的芊樺走進簡餐店準備午餐，還在找位子的時候，突然有人輕拍她的肩膀：「芊樺，妳記得我嗎？」

芊樺轉頭一看，是大學時期跟她很要好的社團學姐敏敏，畢業以後學姐就出國唸書了，兩人也就斷了聯絡，算一算也有五、六年沒見了吧！

「敏敏學姐！我當然記得妳！怎麼在這裡遇見妳？好巧喔！」芊樺驚喜地不得了。

「我公司在這附近啊，剛好出來吃午餐」敏敏低頭看著芊樺牽在手上的兒子：「這是妳的小孩嗎？好可愛喔！幾歲了啊？」

「三歲了」芊樺笑盈盈地看著兒子，提醒他跟阿姨打招呼：「奇奇，這是馬麻的朋友敏敏阿姨，你說阿姨好。」奇奇害羞地躲在媽媽身後，不太敢說話。

「沒關係沒關係，小孩子嘛！難免會害羞，妳找到位子沒？過來跟我一起坐啦！」敏敏還是跟印象中一樣直爽親切，拉著芊樺跟自己一起午餐。

言談中，芊樺得知學姐也結婚有小孩了，不過她跟選擇當全職媽媽的芊樺不一樣，她的孩子一出生就是請保姆帶，現在上小學了，放學就到安親班，她和老公誰先下班就誰先去接。

「我啊，對小孩沒耐性，更不想放棄打拚那麼多年的工作。」敏敏很明白自己不是當全職媽媽的料，

她由衷地佩服願意自己帶小孩的芊樺：「帶小孩真的很累耶，我記得我兒子兩、三歲時，每到假日陪他玩一、兩個小時，我就好希望快點收假，上班對我來說實在輕鬆多了。」

芊樺看著眼前跟記憶中一樣關心自己的學姐，聽著學姐分享畢業後進入職場的過

程，突然憶起自己也曾是這樣，全心全意投入在工作中，努力地坐上了小主管的位子。只是她的人生在孩子出生之後完全不一樣了，她捨不得把心愛的兒子托給別人帶，所以放棄了外人眼中還不錯的工作和薪水。

如果當初沒有選擇全職，現在的她是不是也會跟學姐一樣，光鮮亮麗地從名牌包遞出頭銜令人稱羨的名片？

芊樺想著想著，竟為自己的「一無所有」感到有點難過和自卑……

隨著社會型態的轉變，現在的全職媽媽已不像過去那樣，是低學歷或無工作能力的女性在別無選擇的情況下，只能留在家裡帶小孩。許多高學歷、高收入的全職媽媽，是為了全心全意教養和陪伴孩子，所以甘願放下當初不比另一半差的成就和收入，離開職場回歸家庭。但是全職育兒的日子過久了，離過去在工作上意氣風發的自己也越來越遠……

妳是不是也對每天只能在孩子和家務間打轉的生活，感到越來越沒有成就感？不管妳過去在職場上的成就是高是低，妳都擁有一份實質的工作和薪水，遞出去的名片也清清楚楚地印著妳的職稱，表現良好時的升遷和加薪，更是成就感的來源。

但成為全職媽媽之後呢？妳遞不出一張像樣的名片、沒有任何頭銜。工作場所就是家，每天的工作時數遠比過去還長，卻沒有一毛錢可以領；和哭鬧不休的孩子周旋一天之後，好不容易他上床睡了，忙了一天的妳還沒坐下好好休息，可能就先聽到老公這麼一句：「妳今天都在忙什麼了？家裡怎麼這麼亂？」

如果周遭同為媽媽的朋友或閨蜜，都還保有原來的工作，午餐時間妳忙著和挑嘴拒食的小人奮戰，身為職業婦女的朋友，可能正在享受沒有小孩打擾的午休時間；在妳追在孩子屁股後面把屎把尿時，臉書上可能又有一個朋友因為工作出差的關係，在機場打卡準備登機……而妳幾乎要想不起來，上一次有空出國是多久以前的事了。

這世上大概沒有一個像全職媽媽這樣「低成就感、高挫敗感」的

工作了。職場上的成就可以很清楚地憑藉升遷、加薪和獎金來獲得，有時候即使只是來自老闆或客戶的一句讚美或肯定，都能是成就感的來源。全職育兒的日子就完全不一樣了，妳付出的勞力心力不比過去少，但怎麼努力也不會加薪，沒有薪水領也就算了，有時跟老公伸手拿錢，還得承受他「錢都用到哪裡去了？」的質疑。

得不到實質的肯定也就罷了，更三不五時要聽到「妳小孩怎麼帶的，怎麼這麼瘦？」、「就帶小孩而已，有這麼累嗎？」這類看輕全職媽媽的冷言冷語。更無奈的是，全職媽媽因為沒有上班賺錢，家裡的大小事就好像理所當然應該一手包辦一樣。

其實二十四小時照顧孩子的生活，一點都不比上班輕鬆，但為什麼大家好像都不認為，全職媽媽也是需要休息的？

選擇回家帶小孩的全職媽媽，並不是沒有工作能力和野心的女性，她們只是選擇了心目中認為比職場成就更重要的事，那就是——陪伴孩子成長。光憑這一點對家庭無私的愛，難道全職媽媽們不值得獲得一點點掌聲和認同嗎？

心理好苦：全職媽媽能怎麼辦？

1. 多帶孩子出門走走，拓展生活圈：
不管是公園還是親子館，都可以嚐試帶著孩子跨出家門，不只孩子交朋友，妳也可以認識新的媽媽朋友，生活圈拓展了，心情自然會逐漸開朗。

2. 增加另一半對育兒事務的參與感，他會更體諒妳的辛苦：
適時地把孩子跟家務交給另一半吧！用鼓勵代替指正，他會更樂意為妳分擔，更能體諒全職育兒的日子是多麼辛苦，打從心底感謝願意放下一切在家帶孩子的妳。

3. 閒言閒語聽過就好，別往心裡放：
孩子是妳和先生的，尤其妳又是全職自己帶，沒有人可以干涉妳的教養方式。久久見一次面的親友長輩甚至是無關緊要路人的閒言閒語，就讓它左耳進右耳出，放進心裡只是懲罰已經很辛苦的自己。

4.從育兒生活找到成就感：

職場上再怎麼風光、職位薪水再怎麼高，都比不上妳全職教養為孩子帶來的進步成長、對媽媽的信任依賴，這也是身為全職媽媽最大的成就，妳應該以這樣的自己和孩子為榮。

PART 4

經濟上的吃緊

國內的兒福聯盟文教基金會曾經針對媽媽們的壓力來源做過調查，有高達百分之六十五點五的媽媽壓力來自於家庭經濟。而全職媽媽比起職業婦女而言，家中因為少了一份收入，而承受更高度的壓力。但不知道為什麼，大家聽到一個媽媽選擇全職在家帶小孩，第一直覺反應通常是：「妳老公很會賺喔？妳才不用上班賺錢。」

但事實真的是如此嗎？

對大部份的全職媽媽而言，她們並不是「不用」上班賺錢，而是「放棄」原來的工作，甚至可能是「想去卻不能去」。她們並不是因為家中經濟真的有多麼寬裕，所以可以選擇在家。而是對這些媽媽來說，她們願意用親帶孩子成長，來換取在職場上獲得的薪水報酬。

有更實際的狀況，是媽媽原本的薪水跟將孩子送托他人的費用差不多。與其要家庭、工作蠟燭兩頭燒，那倒不如自己帶孩子。雖然失去了在職場上一展身手的機會，但卻能夠給孩子最充足的陪伴。

不管是哪一種情況辭去工作，全職媽媽因為少了自己原本的收入，心理上難免會存有不安全感，在照顧孩子身心俱疲的情況下，還要額外承受較雙薪家庭吃緊的經濟壓力，這樣的苦，誰能理解？

01 雙薪變單薪，生活品質下降

連下了好幾天的雨，天氣終於放晴了，珊珊趕緊帶著女兒出門買菜。前幾天因為老是下雨，她根本沒辦法揹著女兒出門。家裡的冰箱已經快空了，趁著今天陽光終於露臉了，得趕快上市場採買食材才行。

走到菜攤看到女兒最喜歡吃的高麗菜，珊珊挑了一顆正想秤重算錢時，突然聽到老闆這麼一句：「那梨山的，很甜喔！一斤八十」

珊珊嚇了一跳！一斤八十元，那手上這顆不就超過一百元了？她把高麗菜放了回去，決定換買便宜一點的，又聽到旁邊的歐巴桑這麼一句：「怎麼這麼貴？我上禮拜買差不多的量，不到八十塊，今天怎麼要一百多？」

「沒辦法啊！雨下那麼多天，一堆菜都泡爛了，價格一定漲的啦！」老闆也很無奈地說。

珊珊偷偷打開錢包一看，今天只帶了幾百塊出門，如果都拿來買菜了，家裡缺的日用品就不夠錢買了。偏偏月底要到了，距發薪日還有一個多禮拜，老公前幾天還在提醒她，到下禮拜發薪前要省一點，但菜價漲成這個樣子，她是要怎麼省？

「算了，去買生水餃回家煮吧！再煮個湯，這樣總不會花到太多錢。」珊珊帶著女兒再往前頭走，突然有人叫住她：「馬麻，不好意思，可以打擾妳幾分鐘嗎？」

珊珊轉頭一看，是一個手上拿著童書的年輕業務員。

「妳好，請問妳有聽過××美語系列嗎？」業務員臉上堆滿笑容，他手上拿的童書珊珊知道，網路上不少媽媽很推薦，她一直蠻有興趣的，但還沒有花時間仔細研究。

「嗯……有聽過，不過不太清楚內容。」珊珊據實以告。

「馬麻要不要帶小朋友來試試我們的點讀筆，試試不用錢的，妹妹如果有喜歡再考慮也不遲。」

業務員鼓勵珊珊讓女兒嚐試看看。

沒想到女兒接過業務員手上的點讀筆，還真玩得有模有樣的，甚至跟著發出簡單的音，讓珊珊看了驚喜不已！

「妹妹好棒喔！學得很快耶！馬麻要不要考慮帶一套回家，我們這套點讀筆標榜在玩樂中學習，有買的家長反應都很不錯喔！」業務員打鐵趁熱，不停地鼓吹珊珊：「妳今天訂的話，我個人可以給妳八折的優惠，再加上無息刷卡分期付款，真的很划算喔！」

「這一套多少錢啊？」珊珊真有些心動了！

「本來是四萬八，但我可以幫妳打八折，如果妳要刷卡分期付的話……」業務員掏出計算機，仔細算給珊珊看，但她聽到近四萬的價格，根本想都不敢想！

快四萬耶！跟老公一個月的薪水差不多，前幾天她不過隨口提了想帶女兒去上律動課，幾千塊的課程費用就被老公一口回絕了，這套快四萬塊的書，老公會同意她買才怪！

要是我自己也有在賺錢就好了，我就能想買什麼就買什麼。

要是我沒有在家當全職媽媽，我們的生活品質是不是可以好一點？想到自己連買幾十塊的菜都要斤斤計較，珊珊心裡不免感到有些悲哀……

相信對所有願意放下工作的全職媽媽而言，陪伴孩子成長絕對是比賺錢更重要的事，所以她們寧可少一份薪水，經濟上苦一點也要熬過去。但有很多現實狀況卻是真的由雙薪變單薪之後，才會慢慢感受到的。而這些轉變，其實也考驗著全職媽媽們的智慧。

過去家裡有兩份收入時，妳身上穿的或許是百貨公司專櫃的衣服、用的是專櫃保養品、定期和老公規劃出國旅行，但成為全職媽媽之後呢？家裡少了妳原來那份薪水，所有的支出都得精簡再精簡。

別說是專櫃了，也許連路邊攤一件幾百塊的衣服妳都捨不得買，過去每逢百貨公司週年慶血拚的樂趣，恐怕也只能變成回憶，更別提像出國旅行這種大筆的花費，肯定也無法像過去那樣，可以隨心所欲、說走就走。

少了一份收入，能運用的金錢變少了，不是只有花在自己身上的花費要錙銖必較，舉凡孩子吃的、用的，再大一點讀書的教育費用，都要再三斟酌衡量才行。如果成為全職媽媽，一個月動輒一、兩萬的私立幼稚園費用，光靠老公的收入足以應付嗎？

有許多職業婦女不考慮回家帶小孩，就是卡在最現實的經濟層面，她們不希望自己辛苦回家帶小孩之外，還要過著生活品質下降的日子。而這經濟上最實際的轉變，也是全職媽媽們心裡無法言喻的苦。畢竟我們也都曾經有過自己賺自己花的自在生活，但現在卻為了親帶小孩長大，犧牲許多原本自己就有能力獲得的物質享受，

除了家庭生活品質的轉變，讓全職媽媽覺得苦，單

靠另一半的收入，也會讓媽媽們內心少了一些安全感。畢竟家中只有一份收入，如果哪天真有什麼突發狀況，像是老公生病或是遭到裁員，家中連唯一的那份薪水都減少甚至失去了，日子要怎麼過？

這些因為雙薪變單薪，在經濟層面上產生的苦，都讓全職育兒的生活，多了更多的考驗和壓力。

02 沒有收入，拿錢得看老公臉色

忙了一個早上，育玲才剛把女兒哄睡，正想坐下喝杯茶休息時，手機就響了，怕吵到好不容易午睡的女兒，她趕緊接了起來。

「喂，有沒有在忙？可以講話嗎？」打來的是育玲的姐妹淘湘婷，她很明白當全職媽媽的育玲時間有多不自由，所以每次打來都會先問這句。

「算妳今天運氣好，妞妞在睡午覺。」終於得空休息了，育玲的口氣也輕鬆起來：「什麼事情要特地打來，手機傳訊息聊就好啦！」

「今年同學會的時間地點訂好了，要開始統計人數了，我先打來跟妳討論一下，妳去我才要去。」

「幹嘛？今年的地點很差嗎？還要特地打來討論咧！」

育玲覺得奇怪，往年同學會的時間地點，她們倆都是互傳訊息確認彼此的時間允不允許，然後一起約好去或不去，今年湘婷居然還特地打電話來「討論」。

「跟妳說，今年要辦在××飯店喝下午茶。」湘婷在電話那頭說。

育玲知道湘婷說的那間飯店，雖然新開不久，但名氣大得很，上過好幾次的美食雜誌和節目，常常在新聞裡看到大排長龍的畫面。她早就想去吃了，但上網查過價位之後，育玲連想都不敢想，畢竟一客要價近千元的下午茶，哪是她這個家庭主婦捨得花錢去吃的？就算她捨得，生性節儉的老公也一定不會肯，昨天他才在唸錢越來越薄了，要育玲省著點用。

「妳應該很想去吧？但妳老公OK嗎？」湘婷很知道育玲的情況，因為自從生完小孩當全職媽媽之後，家裡就只剩老公上班賺錢，育玲沒了自己的收入，當然也不可能像過去單身時那樣，三不五時就約湘婷逛街喝下午茶。湘婷自己也是兩個孩子的媽，但她不像育玲這樣，捨得放棄原來的工作回家帶小孩，所以她很明白一個家庭由雙薪變單薪是多麼辛苦，更知道育玲的老公因為只有自己賺錢，所以對家裡金錢的支出非常謹慎小心。要育玲開口告訴老公，同學會吃的是一客要價近千元的下午茶，恐怕夫妻倆又要為錢不愉快了。

育玲知道好姐妹是體貼自己，才會特地打這通電話來……但想著想著，她不免覺得有些悲哀。以前自己也有在賺錢的時候，別說是飯店的下午茶了，一個上萬元的包包她都有辦法買來犒賞自己，但現在呢？她為了家庭放棄原來的工作薪水，日子得要節省許多也就罷了，為了能陪孩子長大，她甘之如飴，但老公好像不能體會，他總是認為育玲只會伸手拿錢，也總是會叨唸育玲吃米不知米價，要育玲再省一點。

「難道因為沒有工作賺錢，全職媽媽就註定要看老公的臉色嗎？」育玲忍不住這麼想……

不管妳從前的薪水待遇如何，再怎麼樣都是屬於自己的一份收入，想怎麼花錢是妳自己的事。不過，一旦辭去工作回家帶小孩後，家裡所有的支出都要仰賴另一半，過去妳可以自由自在血拚、吃大餐、美容做SPA。

當全職媽媽沒了自己收入之後呢？連買一包小孩的尿布、家裡的日常生活用品，都得開口向老公拿錢，對自我意識越來越高漲的現代女性來說，經濟上要完全受制於另外一半的感覺其實並不好受，當然更不像外人口中說得那樣：「全職媽媽命真好，不用上班給老公養就好」。

如果可以，我們多希望在經濟上能夠獨立，不用像現在這樣，每花一分錢，都要經過老公的同意，甚至得看老公的臉色。

如果不巧妳的另一半心思不是那麼細膩，性子又比較急，長時間處在只靠他一份薪水維持家計的情況下，夫妻雙方因為錢起的衝突恐怕是會越來越多。

負責賺錢養家的爸爸可能只看到沒幾天錢就不

用夠，卻沒有實際體會到，奶粉尿布每隔一段時間就漲價，上市場一趟皮夾裡的錢就所剩無幾，當然會無法理解太太為什麼沒隔幾天又開口要生活費。於是在全職媽媽開口跟老公拿錢時，就免不了要聽到：

「怎麼又花完了？不是那天才給過妳嗎？」

「賺錢不容易，省著點花好不好？」

這類的話。

不管對方說這些話是無心還是有意，聽在全職媽媽的耳裡都是一種傷害，因為那每一句話好像在告訴沒有薪水收入的我們：

「家裡只有我在賺錢，妳體諒一下我的辛苦，別那麼會花錢好不好？」

難道夫妻雙方只有在上班賺錢的人，才叫對家庭有貢獻嗎？因為沒有在上班賺錢，全職媽媽想要用錢就必須看老公的臉色？

美國曾經有一位名叫史蒂芬的爸爸，替身為全職媽媽的妻子計算她應得的薪水，史蒂芬列出全職媽媽的工作內容有：全職保姆、家庭清潔服務、採購專員、專屬廚師、洗衣服、財務管理……等，以美國的薪資行情來計算，一個全職媽媽負責的這些工作，足夠資格擁有將近七萬四千美元的年薪，折合台幣大約二百二十四萬！

最後史蒂芬得到的結論是：「老爸們，你們請不起全職媽媽」，而這篇發表在他部落格的文章，立刻引起許多全職媽媽的共鳴，她們一方面感激終於有人替全職媽媽爭口氣了，一方面卻也不免有些感嘆：為什麼老公一個人養三個或四個人，就是非常辛苦的事，所以回到家就算攤在沙發上休息也不會惹來非議；但全職媽媽二十四小時無酬照顧陪伴一個或是兩個以上的孩子就不算辛苦，甚至還要被視為是閒閒在家不事生產的米蟲。

因為全職在家，經濟上不得不仰賴另一半的全職媽媽，真的有苦說不完。

經濟好吃緊：全職媽媽能怎麼辦？

1.「好的生活品質」定義為何？單薪家庭的生活真那麼貧瘠嗎？

雙薪變單薪的物質生活雖然不若以往闊綽，但是妳全職陪伴帶給孩子的愛和安全感，是再多金錢都無法買到的。孩子最需要的也絕不是出國旅行和昂貴的玩具，而是父母用心的陪伴，少了一份薪水或許在物質生活上無法為所欲為，但陪孩子成長的點點滴滴，絕對是你們親子之間最富足的人生回憶。

2. 和另一半討論雙方都能接受的「媽媽領薪模式」：可以考慮改成每個月跟先生拿一筆固定的生活費，再把支出的部份列出來給他看，一方面省下三、五天就伸手拿錢的尷尬，一方面他也可以了解生活大不易，養育孩子必要的支出就是這麼多，妳並沒有亂花。

MEMO

PART 5

全職媽媽不難當，錦囊妙計教給妳

必須坦白說，當一個全職媽媽有時候讓人不免有點沮喪的原因是：妳常常在繞著孩子和家務團團轉了一天之後，卻又覺得自己好像什麼都沒完成。家裡好像還是一樣亂、自己永遠蓬頭垢面、每天煮的三餐還是差不多菜色，有時甚至可能連煮飯的時間都不一定有，這時候如果不明就理的老公還問妳一句：「妳今天一整天都在幹嘛？家裡怎麼這麼亂？」真的會讓身心俱疲的全職媽媽聽了火冒三丈，轉頭就想辭職不幹！

沒當過全職媽媽的人不知道，孩子偏挑妳整理好的地方玩，家裡再怎麼收拾，也很快就被搗亂。

沒當過全職媽媽的人不知道，孩子可能一整天都在鬧情緒，成天跟媽媽討抱，讓妳什麼也做不了。

沒當過全職媽媽的人不知道，孩子如果不巧生病了，妳一整天都得擦嘔吐物、換洗衣物和床單。

沒當過全職媽媽的人不知道，孩子正在戒尿布的階段，妳一天不知道要洗幾件褲子，擦幾次地板。

每天有這麼多的瑣事要處理，一天又只有二十四小時能用，如果不善用一些省時省力的小技巧，全職媽媽們很快就會舉白旗投降，甚至質疑當初離開職場的選擇對或不對。其實用對方法，妳和孩子全職的日子都可以過得比較輕鬆自在。

在家帶小孩的日子跟在辦公室工作是完全不一樣的，公司的工作妳可以規劃行程表，按班就表地進行，就算發生什麼突發狀況，工作的先後順序稍微調整一下，也不致於落後太多。

但在家帶小孩呢？舉個最簡單的例子來說好了，只要孩子一不小心生病，妳所有的計劃可能都就此被打亂，甚至被迫取消。所以對全職媽媽而言，如何用最有效率的做事方法，讓自己在一天二十四小時之內能處理的家務是別人的好幾倍，就顯得格外重要了。

01 省時小撇步

「時間就是金錢」的道理人人都懂，但真能妥善運用管理的人，實在不多。對於成天繞著孩子打轉，連好好吃頓飯都是奢求的全職媽媽而言，時間管理更不是一件容易的事。

每個人每天能運用的時間都是一樣的，但為什麼有的媽媽可以自己煮三餐，有時間整理家裡，有餘力帶孩子出門跑跑跳跳，甚至還有辦法寫部落格記錄心情？而有的媽媽卻一整天都被孩子牢牢綁住，幾乎什麼也做不了？

先檢視妳每天的行程安排，是不是最省時的方法。

不要太相信自己的記憶力，認為所有的事情都能夠記在腦裡逐一完成，很快妳會發現自己落東落西，然後回頭得花加倍的時間再去完成。

請每天將待辦事項逐一記下，按照事情的輕重緩急和出門順路的路線，安排自己的行程。如果要出門就一次把外出的事情辦好，妳的時間才不會被零星切割，像是出門倒垃圾的時候，順便採買日用品，到便利商店繳費，上市場或買東西前也可以先列下清單，節省妳採購的時間。

再來，檢視自己的時間管理規劃有沒有問題。

回頭想想，妳一天花最多時間在做什麼事情上？而這件事是那麼必要的嗎？有沒有其他的方法可以縮減妳花在這件事的時間？

舉例來說，如果妳一天花最多時間在煮三餐上面，吃飯當然是必要的，那麼有沒有其他方法可以縮短妳準備三餐的時間？比如：一次備好一週的寶寶食物泥，用電鍋加熱就可以吃，一次燉好一大鍋肉，分幾天吃；一天有一餐選擇快速簡單的料理方式，像是煮麵、下水餃、咖哩、用電子鍋就能完成的整顆蕃茄飯；已經帶孩子出門跑跑跳跳了，就不用勉強自己一定要趕回家煮飯。

省時的料理工具也是必備的，像是：電鍋、微波爐，壓力鍋，都是可以縮短煮飯時間的利器，以電鍋為例，再另外買加高蓋，一次就可以完成兩到三道菜，比起滿頭大汗在抽油煙機底下大火快炒，這樣的料理方式省時又健康。

如果妳一天花最多時間在整理家裡，那麼是不是可以降低自己對家事的要求標準？有了孩子之後，媽媽一定要認清一點：至少有好幾年的時間，家裡是不可能像只有兩人世界時那麼乾淨整潔的。如果妳執著在每天一定要完成固定的家事清潔，很快妳會發現自己一天的時間幾乎都被家事占滿，還會疲憊又沒有成就感。

與其如此，何不讓降低家事標準，改為兩、三天拖一次地，衣服累積到一定的量再清洗，碗盤留到睡前再一次清洗……多出來的這些時間拿來陪伴孩子或讓自己坐下來

休息，是不是反而可以讓妳的全職生活擁有比較好的品質？

還有像是採買、打掃、跑郵局銀行辦事……這些家庭瑣事，也都是全職媽媽的「工作範圍」，但是妳知道嗎？善用小撇步，同樣可以節省妳許多時間。有的日用品可以請老公下班時順便買回來，絕對比妳帶著孩子大包小包出門採買來得快速方便；網路的發達也能幫上不少忙，很多費用可以申請帳戶自動扣款或網路銀行轉帳，省去許多往返和排隊繳費的時間。

如果想帶孩子出門，前一晚就先把媽媽包、自己和孩子要穿的衣物準備好，可以節省不少出門前的準備時光。如果是第一次造訪的地方，也務必事先查好路線地圖，選定最省時的交通方式，避免帶著孩子像無頭蒼蠅一樣在街頭找路，那樣既浪費時間又消耗體力。

全職媽媽看似被孩子和家務牢牢綁死沒有一點點自己的時間，但轉個念想，妳就是自己的老闆，每天該做什麼，要去哪裡，都是妳可以作主的。只要做好時間規劃，全職媽媽和孩子每天都可以過得充實又愉快！

善用技巧，好省時：

1. 計下每日待辦事項，依輕重緩急安排先後順序。
2. 省時的料理方式一定要會：有些食材可以一次備好幾天的量，像是高湯、寶寶食物泥、漢堡肉排、滷肉、咖哩。及可以快速完成又兼顧營養的料理，例如：什錦湯麵、加了蔬菜的義大利麵、炒麵、炒飯
3. 善用省時的料理工具：電鍋、壓力鍋、微波爐
4. 家事累積到一定的量再做，多出來的時間可以做自己想做的事。
5. 家中日用品請老公下班順便採買。
6. 善用網路轉帳繳費，節省出門和排隊時間。
7. 出門前一晚備好媽媽包、自己和隔天孩子穿的衣物，查好最省時的交通方式。

02 省錢小撇步

點進全職媽媽的話題討論區，大概十個話題有一半以上都跟錢有關，像是：

「另一半的薪水多少，妳才敢全職在家？」

「有沒有全職媽媽也能做的兼職工作？」

「大家每個月的家用是多少錢？夠用嗎？」

顯見對全職媽媽而言，因為少了自己原本那份收入，在經濟上造成的壓力確實是不小，偏偏有了孩子又比兩人世界時多了那麼多的支出。要如何在家庭收入減少的情況下，將每一分錢的效益使用到最大，考驗的就是全職媽媽們的能耐了。

不可否認，在成為單薪家庭之後，妳絕對無法像過去那樣，想買什麼就買什麼，外出用餐或遊玩也要再三盤算，怎麼樣的消費方式最划算，手頭上能運用的金錢確實是變少了沒有錯，但只要妳勤做功課，會發現省錢養小孩的方法還真的不少，如果能夠深入了解並妥善運用省錢妙計，即使是少一份收入的全職媽媽，用錢也可以用得很有智慧。

首先善用政府提供的社會福利，不管妳是辭去工作當全職媽媽，還是申請留職停薪的育嬰假，家庭年收入或是在原先公司投保的年資符合請領的規定，都可以申請相關育兒津貼。

如果妳戶籍所在的縣市政府有提供育兒津貼，也記得問清楚和中央給付的育兒津貼是不是只能擇一請領。不過要注意的是，這類育身津貼的申請資格和請領金額，每年都可能有所調整，建議媽咪們可以先上網或去電查詢，才不會讓自己的權益受損。

除了每個月兩、三千的育兒津貼對全職媽媽的生活不無小補，各縣市也都有不少免費的親子好去處，可以供全職媽媽多加利用。像是到圖書館借書、借玩具，或是帶孩子到免費的公立親子館盡情跑跳，不用花到一毛錢也不必擔心日曬雨淋。有的公立親子館還會開設各類幼兒課程，提供學前兒報名參加，比起外面一堂課動輒三、五百的收費，這類公立親子館的課程費用，往往便宜至少一半以上，但課程內容並不會因為收費低廉而打了折扣。

坊間需要付費的親子館或親子餐廳，裝潢和設備自是精緻不在話下，但林林總總的消費金額累積起來，其實是一筆不小的支出，如果能夠善用上述的社會資源，全職育兒的日子絕對可以過得省錢又精采！

要養小孩當然不可能什麼錢都不用花，所以全職媽媽要學習的，是如何將錢花在刀口上。以食衣住行的必要花費來說，樣樣都有可以省錢的方式，減少外食上餐館的次數，真的有什麼值得慶祝的事再帶著孩子吃大餐。穿著的衣物不追求專櫃名牌，尤其小孩長得快，百貨

公司一件動輒一、兩千元的童裝，穿沒幾次就穿不下了，真有什麼重要場合需要穿好一點的衣服，可以趁折扣時再入手，省下來的治裝費挪做孩子的教育費用，既實惠又有意義。

假日帶孩子出遊，儘量選擇免費的景點，若有外宿的需求，平價乾淨的民宿或旅店其實也不少，不要認為這種省錢的玩法委屈了孩子，對他們而言，和爸爸媽媽出遊最開心的事，並不是因為行程的規劃多麼豪華，住宿的飯店多麼高檔，而是他們「跟爸爸、媽媽在一起」。

現在的網路發達，全職媽媽藉由網路也可以省下不少錢。像是在網路上號召其他媽媽一起組課，幾個孩子年紀相仿的家庭，找來幼教老師共同分攤鐘點費，看孩子是要上美術、玩律動、學積木，網路上都可以找到接受自組課程的老師，這樣自組課程的費用會比一般坊間的學前課程便宜一半以上。還有利用網路團購撿便宜，不管是團購網還是熟識的媽媽自己揪團省運費，都可以為全職媽媽省下不少錢。利用臉書上的二手社團也可以買到不少價廉物美的好貨，甚至可以把家裡用不到的物品或孩子穿不下的衣物也上網拍賣，貼補一點生活費。

不過在跟團購時，自己要分清楚，這東西是想要還是需要？尤其近幾年來部落客興起，手機一點進去，每天大概有三、五個部落客在開團，但那些育兒用品，真的是必要買的嗎？還是妳只是被部落客的名氣所吸引？團購的童書或許好，但去圖書館借或上網買二手的，是不是同樣具教育意義又來得省錢？

在絞盡腦汁替家裡省錢的時候，也千萬不要忘記教給孩子正確的金錢觀。及早讓孩子知道家中的經濟狀況，領著他們一起分辨「想要」和「需要」的不同。

我在老大三、四歲起，就跟他解釋媽媽因為想好好照顧他們，所以沒去上班賺錢，爸爸辛苦工作賺來的錢，要拿來繳家裡的哪些費用，而我們出去玩一次，得花多少錢。孩子還小，當然會有想買玩具或要求吃餐廳的時候，但也因為他明白賺錢不容易，很快就可以理解，媽媽為什麼不能對他所有的要求全盤接受。前陣子我為喜歡運動的他，找到收費合理又教得好的課程，我同樣會告訴他，為什麼這個學費，我和爸爸認為可以花，但也因為支出了這筆學費，所以我們買東西、外出吃飯就必須節省一點，這就叫「把錢花在該花的地方」，七歲多的他聽完理解地點點頭，還更加珍惜每週上課的日子。

不用擔心家裡因為少了一份收入，無法供給孩子太好的生活他們會因此過得不快樂。前幾天我問老大：「你要媽媽去上班賺錢，然後我們每年都可以出國玩，還是我像現在這樣照顧你跟妹妹，但我們要存好幾年才能出國？」他選擇的是要媽媽陪在身邊。

而妳自己也會發現比起單身時的自己，現在的妳已經不需要靠物質生活來獲得滿足，因為對現在的妳而言，即使只是一家人平實地守在一起吃頓飯，都能感到幸福無比！

善用技巧：全職媽媽好會省錢！

1. 善用社會福利資源，除了可以申請育兒津貼，免費的圖書館和親子館也別忘了多加利用。
2. 不追求專櫃名牌，買東西前分清楚想要還是需要。
3. 外食或出遊，選擇平價乾淨的去處，省錢也能玩得開心滿足。
4. 善用網路資源，自組課程或團購買東西都是省錢的好方法。
5. 教導孩子正確的金錢觀，讓他明白幸福不是累積在物質和金錢上，而是一起人相聚在一起的時光，還有父母用心的陪伴。

03 省力小撇步

當一個全職媽媽除了工作時間長，沒有自己收入，還有包辦孩子吃喝拉撒睡、肩負教養的重責大任，所以除了要學會省時、懂得省錢，也要運用方法讓自己省力。

畢竟在家帶小孩不像外出工作，工作不適任可以辭職再找更合適的，但全職媽媽豈是說辭職就能辭職的？如果不用對方法讓家務和教養孩子變得輕鬆一點，很快妳就會舉手投降，生理心理都累出病來。

說起來這個年代的全職媽媽比起過去幸福很多，因為光是網路和許多工具的發明，就能省去很多力氣。網路購物就是一個非常省力的管道，沒有保存期限和新鮮度問題的嬰兒用品和家用品，都可以利用網路下單，不但方便又快速，也省去帶著孩子大包小包地出門，再多了好幾包採買用品走路回家的力氣。

智慧型手機的普遍，也幫了全職媽媽不少忙，方便育兒的APP越來越多，有可以上傳管理寶寶照片的、有記錄餵奶、吃副食品、打預防針時間的、有提供親子好去處的，甚至還有寶寶監控軟體的APP。媽咪們可以按照自己的需求，下載幾款APP到手機裡，對妳全職育兒的生活絕對很有幫助。

可以和先生討論，適度購入家中經濟負擔得起的家事工具，像是一次可以做兩到三道菜的電鍋，一鍵按下去就等料理完成的快鍋或壓力鍋，方便製作副食品的攪拌棒，省去打掃力氣的掃地機或洗碗機……等，一樣都是煮飯和打掃家裡，如果有機器可以代勞，為什麼不選擇能夠輕鬆一點的方法，讓自己有足夠的體力去陪伴成天活蹦亂跳的孩子？

也許連妳自己都沒察覺，很多全職媽媽累得半死的原因，大多出在什麼事都往自己身上攬。

仔細回想一下妳每天的生活，妳是不是都先餵飽孩子，自己才匆匆扒幾口飯？妳是不是怕髒怕麻煩，遲遲不敢放手讓孩子自己吃飯？妳是不是覺得應該時時刻刻陪著孩子玩、唸繪本，才算盡到全職陪伴的責任？有沒有發現，在不知不覺中，妳一天的作息都受制於孩子了？

或許妳會說：「我之所以選擇當全職媽媽，就是要時時刻刻陪伴孩子啊！」但妳的陪伴應該是讓孩子越來越有安全感，有了安全感他才能成熟獨立，將來有一天可以放開妳的手，進入團體生活上學去，這才是全職陪他成長的意義。如果妳的全職陪伴，反而是讓孩子越來越習慣凡事都由媽媽代勞，最後變得處處都依賴妳，不只妳累，孩子也會錯失了長大的機會。

盡早教會孩子獨立，不只是為了讓妳全職的生活省力，也是為了讓他成為一個可以照顧自己，甚至懂得照顧別人的人。所以在寶寶還小的時候，就先固定他每天的作息，什麼時候喝奶、睡覺、小玩、洗澡，都讓他每天在固定的時間進行，妳才有辦法掌控自己每天有空檔的時間，而不是抓不準孩子什麼時候會討奶喝、要耗到幾點才會上床睡覺。

寶寶再大一點，準備遊戲地墊訓練他能夠短暫地獨玩，吃飯讓他坐餐椅，外出習慣坐推車，都是讓媽媽寶寶輕鬆一點的方法。讓孩子獨玩不等於妳就是棄他於不顧的母親，有很多研究都指出，能夠獨玩和自己相處的孩子，專注力會更好，甚至有助於培養他們的自信。

還有讓孩子從小就知道，「我需要媽咪的時候，她會陪伴我，但媽咪也需要時間去忙她的事」所以，在吃飯的時候，妳可以一邊餵寶寶，一邊同時吃自己的；煮飯時背著寶寶或給他一點小玩具，讓他坐在餐椅或推車裡陪妳。再大一點的孩子，甚至可以給他一點切下的食材玩。

我在孩子兩歲開始，就讓他們幫忙簡單的家事，像是折衣服時幫忙分類、晾衣服時替媽媽找出同樣花色的襪子、煮飯時幫我打蛋洗菜……等等，孩子不但在無形之中學會顏色認知，也明白家不是媽媽一個人的，家裡的整潔是需要靠每一個成員共同維繫的。

不要小看孩子的能力，認為他什麼都做不好，什麼都攬在自己身上做，這樣下去妳除了累死自己，還會教養出一個凡事都要靠媽媽完成的「慣寶寶」。

孩子的手部越來越有力氣之後，就開始慢慢讓他練習吃飯，就算吃得滿頭滿臉也沒關係，他總會越吃越好的；弄亂的玩具帶著孩子一起收拾，然後慢慢放手讓他自己整理，這些生活自理能力的培養，不但能減輕妳很多負擔，對於孩子將來進入學校和社會也是很有幫助的。

帶孩子出門，也常是殺死許多媽媽腦細胞的一件事。我有幾個全職媽媽的朋友，一直到孩子一歲多都不太敢帶著搭大眾運輸工具，更別說是去公共場合，原因就是擔心孩子失控暴走，親子在街頭上演拉扯戰……但其實也有一些方法，可以讓外出時的妳省力一些。出門前先預告孩子今日的行程，有沒有要買玩具，約法三章在外的規範，孩子如果不遵守，就取消行程回家。可以讓孩子挑選幾樣喜歡的玩具或蠟筆帶著，在坐車或外出吃飯時讓他打發時間。

不要認為孩子小，什麼都不懂，其實他們的認知能力遠超過大人的想像。我在女兒一歲多開始就告訴她，進圖書館說話要放低音量，以免打擾到別人，前幾天兩歲多的她走出圖書館後，問了我一句：「那現在可以大聲了嗎？」這代表只要父母溫柔且堅定地執行和孩子間的教養規章，孩子自然也會懂得尊重。

如果妳有兩個孩子，肯定也跟我一樣，時而沉浸在他們手足相親的甜蜜裡，時而被兩個孩子打打鬧鬧的吵架聲搞得頭痛不已。

我自己的經驗是，在二寶嬰兒期的時候，父母要更顧及老大的情緒，當老大發現自己並沒有因為老二的出生受到忽視，他自然不需要透過反常的行為來引起大人的注意。也可以讓老大幫忙一些簡單的事情，例如，幫忙丟尿布、幫媽媽拿奶瓶，並且大大地稱讚他。讓老大樂意參與和弟弟、妹妹有關的事，這對妳等於是多了一個小幫手，他們手足之間的感情也在這些小細節中建立起來。

最後一點，訓練自己「一心二用」的功力。如果有空看電視，手也別閒著，可以同時折衣服；洗澡的時候順便可以洗洗浴室。

我自己最難忘一心二用的經驗，是老二剛出生時，一邊擠奶一邊唸故事給老大聽。現在想起來當然有點好笑，但這也證明了，一個全職媽媽一天有多少瑣事要處理，就連擠奶的時間也不願意放過，但真的只要用對方法，全職媽媽這個工作妳一定可以越來越上手，越省越多力！

善用技巧：全職媽媽好省力！

1. 利用網路為自己省力，網路購物方便快速、手機下載育兒APP方便記錄孩子成長，查詢育兒資訊。
2. 視家中經濟狀況購入幾樣省力的家事機器（例如：掃地機器人、洗碗機、壓力鍋。）
3. 盡早訓練孩子獨立，嬰兒期就建立固定作息，習慣坐餐椅、推車，訓練孩子能夠獨玩。
4. 做家事時可以帶著孩子，讓他用遊戲的方式學會簡單的家事。
5. 盡早讓孩子學會自己吃飯、自己收拾玩具，別讓自己累得像老媽子一樣，追在他們後面餵飯、撿玩具。
6. 帶孩子出門前預告今日行程並約法三章（買不買玩具、隨意哭鬧就取消行程回家……等），讓他選擇幾樣小玩具或蠟筆帶著打發時間，可以讓你們出遊的時光輕鬆不少。

7.若有二寶出生，特別顧慮老大的情緒，他的情緒穩定了，自然會樂意參與幫忙照顧弟妹，這對媽媽來講是最省事的了。

8.讓自己學會「一心二用」，像是一邊看電視一邊折衣服或縫補扣子、一邊洗澡一邊刷洗浴室。

PART 6

全職媽媽這條路，其實很幸福

其實全職的日子並不完全都那麼苦情，全年無休照顧孩子的生活是勞心又勞力沒有錯，但也因為妳全職自己帶，可以完全照自己的方式教育孩子，這在很多不得不把孩子托給長輩或保姆的媽媽眼裡，是她們求之不得的幸福。

有帶過孩子的人都知道，在育兒這件事上，人人的觀念和主張都不同，哭了要不要抱、副食品要怎麼給、多大開始戒奶嘴和尿布，每個人都有每個人的想法。

如果孩子是托給長輩帶，那麼妳其實很難完全照自己的意思去教養孩子，和長輩之間更可能因為育兒觀念的不同，頻頻起衝突；找保姆或托嬰中心，也得要找到和自己理念相同，可以放心把寶貝托附給他們的。即使找到了，可能還要時不時擔心孩子適不適應，保姆或托嬰中心的老師是不是真的對孩子好，會不會虐嬰。

全職自己帶就完全沒有這些煩惱，和孩子二十四小時膩在一起的甜蜜，得到他對妳百分之百的依賴和信任，不用埋首工作的同時還要掛心不在身邊的孩子，這些都是全職育兒的生活才能享受到的。

所以仔細想想，全職媽媽其實也是很幸福的！

01 擁有孩子全部的第一次

越接近夏天，天氣就越熱。葳葳趕緊帶著已經滿頭大汗的兒子小嚕躲進室內吹冷氣，正巧也要中午了，她索性選了個位子準備吃午餐。才剛坐下，就有人輕拍她肩膀：「葳葳！」抬頭一看，原來是之前公司的同事桂芬。

「桂芬！好巧，在這裡遇到妳！」過去在公司時，葳葳跟桂芬的位子還算近，兩個人常常相約一起外出覓食。不過自從葳葳辭職回家當全職媽媽以後，她們已經有好長一段時間只能藉著臉書或手機通訊軟體關心彼此了。現在在餐廳巧遇，當然開心地不得了。

「我來這裡跑客戶啦，妳兒子啊？時間過得真快，應該快一歲了吧？」桂芬對工作很有衝勁和熱情，同樣也是媽媽的她，在女兒還沒出生前就找好了保姆，跟一心一意想要自己帶孩子的葳葳很不一樣。

「對啊！他最近在走路，累死我了，一放下推車就橫衝直撞，我每天都覺得我運動量好夠。」葳葳笑著說，語氣間有一種孩子長大的甜蜜與驕傲。

此時，桂芬的手機突然響了，桂芬拿起一看，笑了笑，把手機移到葳葳面前。

「我女兒的保姆傳的啦！她最近在戒尿布，保姆說她剛才第一次坐在小馬桶上尿尿了。」桂芬說完把手機收進包包裡，開心地說：「現在用手機傳照片真的很方便，第一時間就可以看到小孩在做什麼，真不錯。」

葳葳看了看坐在身邊的兒子，突然好感激可以自己親帶他長大。她不用靠手機通訊軟體，就可以第一時間擁有兒子所有的第一次。

她知道對熱愛工作的桂芬來說，把孩子托給保姆帶，不但可以保有原來的工作薪水，科技日新月益的進步，也可以讓她同步收到孩子的照片，看到孩子的成長進步。

但葳葳更知道，那不是她要的生活，她要的是真真實實陪在孩子身邊，感受孩子第一次翻身，第一次會爬，第一聲叫媽媽，跨出去學走的第一步。

而像桂芬那樣把孩子托給保姆，就不是好媽媽嗎？當然不是！只是她們兩個媽媽想過的生活不一樣罷了。想到這，葳葳真的覺得自己很幸福，她不但很清楚自己想過的是什麼日子，而且很幸運地過著自己想要的生活，全職這條路，她會牽著寶貝兒子的手正向快樂地繼續走下去！

全職媽媽因為二十四小時都和孩子綁在一起，不管是生理或心理上，都承受外人無法理解的疲憊和壓力，但這甜蜜的負荷，卻也讓全職媽媽可以奢侈地擁有孩子所有的第一次。

第一次翻身，妳是第一時間看到的人。

第一次爬行前進，妳是在另一頭迎接他的人。

第一次學走，妳是牽著他的小手向前行的人。

孩子所有的第一次，妳都是陪在身邊為他的成長喝采的人。這種無可取代的親膩感，是再好的保姆或托嬰中心都做不到的。

雖然現在的科技發達，不管是網路視訊或是手機通訊軟體，都可以讓在職媽媽們即時掌握寶貝在保姆家或托嬰中心的狀況，但隔著冰冷的螢幕，總是不如陪伴在孩子身邊來得真實。而坊間的保姆和托嬰中心選擇雖然多，但家長在送托時不免還是會掛心孩子能否受到最妥善的照顧，尤其惡質保姆或托嬰中心虐童的新聞仍然層不出窮，沒有比媽媽自己帶孩子更讓人覺得安心的。

自己帶孩子不是只有時時陪伴的安心，年幼的他們抵抗力尚在建立中，一年感冒生病好幾次是正常的。保姆家或是托嬰中心的團體生活，是可以讓孩子增加和外人的接觸沒錯，但若遇到流行性感冒和腸病毒的高峰期，實在也夠讓家長提心吊膽的。

若不巧孩子真的發燒生病

了，勢必得居家隔離個三、五天以上，這對沒有後援的雙薪家庭來說，確實是不小的困擾。但全職媽媽就完全不用煩惱這些，照顧生病的孩子雖然很磨人，但也因為能夠二十四小時守在孩子身邊。媽媽可以一心一意關注孩子的病情，留心孩子的身體變化，在他們生病時身體心靈都最脆弱的時候給予支持陪伴，更不用承受上班時還得掛心生病孩子的煎熬，這些都是全職媽媽才能享受的幸福喔！

02 教養照自己方式

今天是愛莎的大學同學會，這次同學們都說好會攜家帶眷參加，所以特地約在適合孩子同行的親子餐廳，愛莎也帶著老公和兒子一起出席，才剛跨進餐廳大門，就聽到老同學們熱情的呼喚：「愛莎，這裡，這裡！」

四、五年沒見到彼此，大家都好興奮，尤其一半以上的同學都結婚生子了，光是認識對方的另一半、孩子，就夠他們聊的。愛莎帶著老公孩子跟安琪一家四口坐在同一區，她們的孩子年紀相仿，很快就在遊戲區玩了起來，向對方介紹自己帶來的玩具，但才玩沒多久，愛莎的兒子噗噗就大哭起來：「這是我的，還給我！」聽到孩子的哭聲，愛莎和安琪急奔到遊戲區，還沒搞清楚狀況，安琪劈頭就罵起自己的孩子：「你又搶人家的玩具了，是不是？」受到媽媽責備的小雄轉過頭去，手裡還緊抓著噗噗的玩具。

安琪見狀更生氣了，斥責的音量又放大了一些：「把弟弟的玩具還給他，聽到沒有？」小雄一臉不服氣，絲毫沒有要歸還的意思。

眼見安琪母子間的氣氛越來越緊張，愛莎連忙出聲打圓場：「沒關係啦！小孩子嘛，會吵會鬧是難免的，小雄喜歡就先借給他玩，等會兒再還給我們就好。」

安琪有點不好意思又語帶無奈：「愛莎真抱歉，這孩子真的是被我公婆寵壞了，還小的時候我沒感覺，前幾個月讓他去上幼稚園，老師告訴我，他在學校會習慣性地推擠同學、搶玩具，我才知道事情的嚴重性。」

和安琪聊了幾句，愛莎才知道安琪夫妻因為工作時間的關係，在孩子出生後的三年都是托給住在南部的公婆帶，她和老公只有在週末時回去看看孩子。但隨著小雄越大，安琪發現，公婆對這個小雄唯一的孫子百依百順，甚至有點寵過頭了。家裡堆滿了小雄吵著要買的玩具不說，出門在外小雄也沒辦法好好跟同齡的小孩玩，他總認為別人都要讓他、想要的東西一定要搶到手。

跟老公討論過後，安琪總算排除萬難把孩子接回身邊上幼稚園，並希望小雄在爸媽和學校老師雙方的努力之下，能夠慢慢改掉之前公婆帶時養成的壞習慣。

聽到愛莎是自己帶孩子的全職媽媽，安琪語重心長地說：「妳能自己帶真的很好，像我現在要得花加倍的時間和力氣導正孩子的行為，說真的很累。」

愛莎看著遊戲區裡又開開心心和小雄玩在一起的噗噗，想到自己這兩年多來親帶孩子的收穫，心裡漾起陣陣甜蜜和感恩。

相信只要是帶過孩子的人都認同，養孩子比教孩子容易多了。孩子還小的時候，雖然因為作息不穩讓全家人也都跟著日夜顛倒、疲憊不已。但一歲前的寶寶生理需求大於心理需求，吃飽睡飽自然就讓他們情緒穩定許多，隨著孩子漸大，心理需求高過於生理需求，他可能只為了想自己穿衣服和妳僵持不下，也可能為了按不到公車鈴，堅持要坐某個位子這類雞毛蒜皮的小事，一哭就是一個小時，身為父母的你，是不是也日益感受到「教養大不易」這句話的意義？

雖然小小孩每一次的情緒爆炸，都足以逼死媽媽的腦細胞，但這也是許多全職媽媽再累都堅持要自己帶的原因。

她們堅信母親才是最了解孩子的人，沒有誰比自己更能勝任主要照顧者這個角色，也希望用自己的教養方式，引領孩子度過每個成長階段。

事實上確實也是如此，從懷胎十月開始，母親和孩子就已經擁有外人無法取代的親密感，全職媽媽更因為和孩子相處的時間最長，總是最了解孩子的人，常常孩子一個眼神，或話才開了個頭，就知道他們下一步要做什麼；在孩子發脾氣，哭到話都說不清楚時，只有媽媽推測得出來，是什麼原因讓他們情緒失控了，當然也能夠在最短時間之內，陪伴他們冷靜下來，度過每一次的情緒風暴。

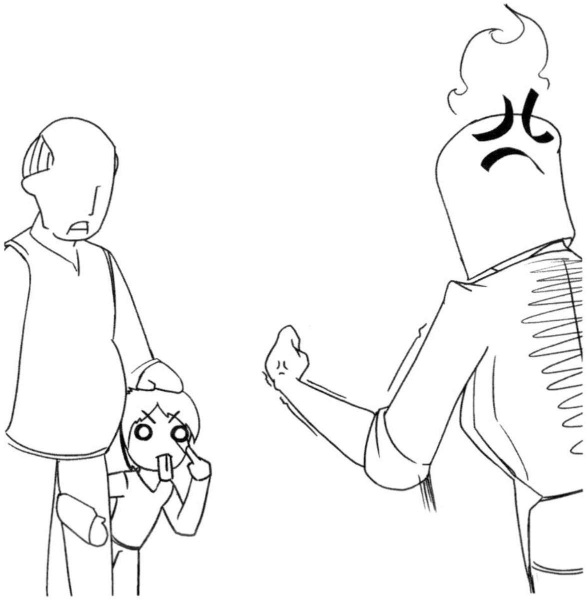

對很多把孩子托給長輩帶的在職媽媽而言，最讓她們煩心的，就是自己和長輩因為教養觀念不一致，頻頻發生的衝突。

身為孩子主要照顧者的全職媽媽可能很難想像，有的把孩子托給長輩帶的媽媽，連孩子出門要穿多穿少，副食品該讓吃什麼，都未必有自己作主的權利。除了照顧方式長輩主導性強，對於孩子的教育方式，身為孩子主要照顧者的長輩也很難不插手。在孩子鬧脾氣時，他們會立刻跳出來當擋箭牌，甚至認為「哪個小孩不哭鬧？妳這麼兇做什麼？」

這些兩代之間在教養上形成的拉距戰，是許多在職媽媽最困擾煩心的。如果是自己帶自己教的全職媽媽呢？

小至孩子哭了要不要抱，什麼時候餵副食品，大至什麼時候戒尿布、上幼稚園，妳都是擁有最大決定權的人。孩子也因為清楚知道母親是教養的主導者，沒有靠山可以找，自然也沒有無理取鬧的機會。

兒子兩歲多時，有一次婆婆到家裡來，看到雜亂的遊戲間，老人家下意識地便動手開始收拾。平時已經被我養成「自己玩具自己收拾」習慣的孩子，在和我四目相接時，立刻阻止阿嬤代勞的動作，說了一句：「阿嬤我自己收就好。」然後動手自己收拾。當下我真的很慶幸，可以用自己的方式教養孩子，不用擔心因為托給長輩或不適任的保姆，教育出任性不講理的慣寶寶。能照自己方式教養孩子，相信是每個全職媽媽都同樣感到幸福的事。

03 孩子的成長進步出自我手

再過一個禮拜就是女兒柔寶的一歲生日，梅芳夫妻特地籌備了一個小小的生日會，邀請一些至親的長輩朋友，陪女兒切人生第一個蛋糕，也分享他們從菜鳥新手父母畢業的喜悅。

梅芳打算為女兒製作成長影片在生日會上播放，趁著柔寶今天比較早睡，她難得有了自己的時間，趕緊打開電腦先挑選照片，看著照片裡女兒的變化，梅芳眼眶忍不住濕了，不過才短短一年，柔寶就從懷裡那個小小軟軟的新生兒，長成現在白胖可愛的模樣。

她記得柔寶在肚子裡的時候，每回產檢醫生總是告訴她，寶寶的體重落後一、兩週，梅芳為了養胎，牛肉、酪梨牛奶、滴雞清……能試的都試了，但寶寶怎麼樣就是養不胖，出生的時候還不到兩千五百克，差點就要住保溫箱了。

一年後的柔寶，體重早就衝破十公斤不說，也開始蹣跚學步了。前幾天在整理柔寶的衣服時，梅芳看著那些早就穿不下的小紗布衣、小包屁衣，再看看坐在旁邊玩玩具的女兒，心裡既感慨又感動，什麼時候那個只會躺在床上哭泣討奶喝的寶寶，已經長成身邊會跟著一起翻亂衣服的小搗蛋了？

這陣子老公看到柔寶已經開始扶著桌邊邁出步伐了，開心之餘也不免有點感傷地說：「好快啊！柔寶要一歲了，真的長大了！」

不只生理上的成長讓梅芳夫妻倆欣慰不已，這一年來柔寶因為有媽媽全職的陪伴，原本嬰兒時期見到陌生人就大哭的她，在快滿週歲的這幾個禮拜，情緒上似乎也有顯著的進步，她開始對同齡的孩子產生興趣了。

那天在親子館，梅芳看到柔寶把手上的積木分給一起玩的小哥哥，但是這個小小的動作，就夠讓梅芳感動不已了。雖然比起本性外向的孩子，柔寶還是比較害羞，但是有什麼關係呢？她相信在自己全職的陪伴之下，女兒一定會越來越勇敢，總有一天能夠放開她的手，自己上學去！

能當全職媽媽，分分秒秒見證孩子的成長和進步，梅芳真的好感激！

很多人會認為媽媽全職在家，不就只是照顧孩子的吃喝拉撒睡、陪玩陪吃陪睡而已？但帶孩子真的是這麼簡單的一件事嗎？

一個剛出生不過幾千公克的小小嬰兒，要餵養成超過十公斤的白胖娃兒，要費盡媽媽多少心力；一個只會用啼哭表達喜怒哀樂的嬰兒，要成長進步為懂得運用詞彙的小人兒，是媽媽花費多少心思教養出來的？

對所有全職媽媽而言，不管育兒生活再怎麼疲憊磨人，孩子就是她們最大的幸福來源。看著剛出生時小小軟軟的他們，在自己的陪伴和教導下一天天地茁壯，相信是每個全職媽最大的成就感。

有的孩子原本怕生，但因為有母親二十四小時的陪伴，逐漸產生安全感，然後慢慢地勇敢成熟，最後可以安心地放開媽媽的手，進入團體生活；有的孩子體弱多病，因為有母親二十四小時的照顧和調養，抵抗力和身型都一天比一天更強壯。這些不管是生理心理、有形無形的成長和進步，都是每個全職媽媽竭盡所能教養出來的。媽媽一對一或一對二的專屬照顧，更是外面收費再昂貴，評價再高的保姆或托嬰中心都取代不了的。

家庭是孩子出生後接觸到的第一個環境，父母更是孩子成長過程中最重要的人生導師，而全職媽媽能夠教給孩子的，更是不用說了。

在家時，妳可以領著他一起做家事，在學習家務的過程從小就懂得自理生活，長大更成為一個能夠照顧自己和他人的人。出門的時候，妳帶著孩子和外界接觸，陪著他拓展人際關係、就算只是上市場買菜，他也能在妳的陪伴下學會看數字、簡單的算數、認識各式食物……還有誰敢說，沒出去上班的媽媽，就是在家閒閒沒事做，「只要」帶帶小孩就好？

有次帶孩子搭公車時，七歲的哥哥看到有座位空下來了，立刻伸手喚我：「媽媽，有位子了，快點過來坐！」

旁邊的阿嬤看到了，非常感動地問：「這孩子真孝順，妳教得真好！兩個都妳自己帶嗎？」

在點頭跟她道謝的同時，我的眼眶都是淚水，也對能夠自己帶孩子這件事，感到無比驕傲！

對一個全職媽媽來說，有什麼話比「妳把孩子教得真好」來得讓人感到欣慰和值得？當然我相信在職媽媽也都是用心在陪伴教導孩子的，只是就我自己而言，我很清楚當一個全職媽媽，能夠心無旁鶩地教會孩子做人做事的道理，是我目前人生最重要的事，事實也證明，一直有彼此相伴的我和孩子們，這一路走來都感到非常幸福！

跟我一樣，能夠親身體會和陪伴孩子成長進步的妳，也絕對是幸福的！

04 職場鬥爭不干我事

忙了一天，兩個孩子都睡了，真晴總算有了自己的時間，她打開電腦正想追劇，手機就響了起來，是好姐妹詩妮傳來的訊息：「睡了沒？」

真晴拿起手機和詩妮聊了起來，詩妮抱怨了一長串今天在公司忍了整天的怨氣，然後約真晴明天中午一起吃中飯，說自己快悶壞了。極需要好姐妹陪自己聊聊天，真晴想到跟詩妮也兩、三個禮拜沒見面了，明天剛好是老大讀整天的週二，可以帶著女兒一起去，所以馬上就答應了。

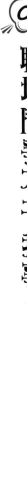

隔天中午不到十二點，真晴就帶著女兒坐在餐廳裡了，一直到快十二點半，詩妮才匆匆趕到餐廳。

「抱歉抱歉！要離開辦公室前客戶突然打來才會這麼晚到，歹勢啦！」詩妮頻頻道歉。

「沒關係啦！我們先點餐了，妳趕快看看要吃什麼。」真晴把菜單遞給詩妮，邊關心她的近況：「怎麼啦？妳很少約我中午一起吃飯耶！」

「還不就是工作上的事，這陣子我真的忙到快忘了我兒子長什麼樣子了。」詩妮點完餐後，娓娓道來這陣子在工作上的低潮和疲憊，兩個姐妹淘開始邊吃邊聊……

原來，詩妮的主管因為生了第二胎，上個月開始請半年的育嬰假，所以有很多工作上的事情就落到部門裡最資深的詩妮身上。如果只是單純工作量上的增加，那麼累一點也就熬過去了，偏偏部門裡幾個年紀比詩妮大的同事，對公司的安排不是太滿意。他們認為詩妮既不是主管，年紀又比自己輕，所以對詩妮指派的工作不太願意去做，甚至有點聯合起來將詩妮排擠在外。

幾個禮拜下來，詩妮的生理心理都承受了不小的壓力。

「唉，還是妳聰明，知道自己不喜歡職場上的明爭暗鬥，早早就把工作辭了，專心陪小孩長大。我這陣子每天下班回到家，兒子都已經睡了。你們家哥哥、妹妹，跟媽媽在一起的時間那麼長，真的很幸福啊！」詩妮望著真晴感嘆地說。

「別這麼說，妳工作、家庭兩邊都能兼顧，很厲害啊！」真晴握著詩妮的手安慰她：「我啊，是知道自己寧可把時間都花在老公孩子身上，也不想當個女強人，那就乖乖回家帶小孩了！」真晴邊說邊摸摸女兒的頭，看她笑容滿面地吃著飯後甜點的模樣，心裡也感到滿滿的幸福。

每個媽媽因為自身和家庭的狀況不同，所以在孩子出生之後，做出的選擇各有不同，但不管是放棄工作的全職媽媽，或是決定家庭工作蠟燭兩頭燒的在職媽媽，都是辛苦偉大的，在育兒這條路上，也都有各自要面對的難題或困境。對全職媽媽來說，她們失去了原來的工作和收入，職場上的成就光環也跟著離自己遠去，但也是因為少了工作上的牽絆，全職媽媽可以一心一意地陪伴照顧孩子，不必理會職場上的明爭暗鬥。

對在職媽媽來說，她們在孩子出生之後，仍舊保有原來的工作和收入，不必擔心在家待久了和社會脫節，也為家裡減輕了經濟負擔。但她們辛苦的，是在公司忙碌了一天之後，回到家要立刻切換成媽媽模式，提防自己把工作上的情緒和不順發洩在孩子身上，還得忍受上班時牽掛孩子的煎熬、下班回到家後心繫著工作的壓力。

全職媽媽的世界，少了能在工作上發光發熱的機會，或許是變得比較小沒有錯，但也確實比較單純。她們不用擔心今天是不是不小心得罪了客戶或老闆，也不用煩惱跟同事理念不同無法共事，更不需要提防職場小人的算計；孩子不小心生病時，全職媽媽可以毫無後顧之憂地陪伴照顧，不會像在職媽媽那樣，因為請假照顧孩子，遭到公司的刁難……這些都是因為不用上班，專屬於全職媽媽的小確幸。

因為不用上班，全職媽媽不需要一起床就趕、趕、趕，不用趕著催孩子梳洗吃早餐，趕著將孩子送托，趕著上班打卡，全職媽媽多的是時間陪孩子感受生活中的一切。

我自己以前就是每天工作超過十二個小時的工作狂，為了求效率，生活步調總比別人快轉了好幾倍，在當了全職媽媽之後，沒了工作上的壓力，生活步調自然慢了下來時這才體會到，能放慢腳步和孩子一起過日子的感覺有多好。白天出門我不用擔心來不及打卡，我可以等他自己穿衣穿鞋，藉此學會獨立；在孩子鬧情緒的時候，我也多的是時間陪他們「好好生氣」，引導他們如何處理負面情緒。

工作上的職位，是可以找人頂替的，但唯有「媽媽」這個角色沒有任何人可以取代，因為深知自己無法在家庭和工作兩端一心二用，所以我選擇當一個全心全意的全職媽媽。而現在的妳，也正在享受這種再多金錢和再高職位也買不到的全職媽媽小確幸！

全職媽媽好幸福

1. 陪伴孩子經歷所有的第一次，是親子之間無可取代的回憶。
2. 照自己方式教養孩子，孩子耍賴時沒有靠山，自然會明白無理取鬧達不到目的。
3. 親力親為拉拔孩子，所有的成長進步都來自於全職的陪伴，成就感無可取代。
4. 不必家庭工作蠟燭兩頭燒，一心一意陪伴孩子長大；更不必理會職場鬥爭，總算可以放慢步調，和孩子一起領略生活的美好。

PART

7

全職媽媽如何紓解壓力

國內的兒童福利聯盟，在二〇一六年的母親節前夕公佈一份「台灣媽媽幸福感調查報告」，這個針對育有十八歲以下孩子母親的調查結果卻顯示，媽媽們似乎不是那麼幸福。因為有將近一半的母親，覺得照顧孩子讓自己感到難以勝任，有三分之一的媽媽認為自己常處於高度教養的壓力下，整體來說，台灣媽媽的平均幸福感只有六十八分。

人人都知道當媽媽不是一件容易的事，但箇中壓力還真的只有親身經歷過的人才能明白，尤其對於成天只能和孩子、家務綁在一起的全職媽媽來說，過去職場上的光環不在之外，還要擔心家中因為少了一份收入萌生的經濟壓力。所以不快樂的感覺，更甚於還保有原來工作的在職媽媽。

前陣子竹北一名全職媽媽帶著兩名稚子走向絕路的新聞震驚全台，在外人眼中看來先生任職於竹科的這個家庭並沒有經濟壓力，更非高風險家庭，但這名全職媽媽卻留下寫有「我累了」的遺書，連兩個還沒上小學的孩子都一起帶走了……

真正的原因當然我們不得而知，但這個案例卻顯露了我們社會長期對於全職媽媽心理壓力的忽略，有很多人都認為全職等於：

「不用上班在家帶小孩真好命」

「『只』要帶小孩就好，真輕鬆！」，這些外人以為只是隨口說出的話語，其實都是加諸在全職媽媽身上沉重的壓力。

外人怎麼看待全職媽媽這個角色，說真的我們無法左右，但如果身為全職媽媽的妳，不懂得讓自己適時紓解壓力，那麼妳很快會被瑣碎的家務和育兒難題，壓得喘不過氣，日子過得越來越不快樂。

妳可以朝以下幾個方向去試試，因為妳有權讓自己跟孩子都過得開心一點！

01 跨出現有生活圈，妳會更快樂

全職媽媽因為成天繞著孩子跟家務打轉，每天活動的範圍可能僅限於家裡、菜市場、家附近的公園，不像過去那樣，可以藉由工作之便，看看外面的世界，工作壓力大的時候，還可以安排一趟旅行讓自己喘口氣。

當了全職媽媽之後呢？孩子黏自己黏得緊，妳每天看的、忙的、接觸的，全是孩子的事，有時候沒做什麼，一天就過去了，日子久了心裡當然也會覺得悶，但當妳想找人吐苦水的時候卻發現，總是跟孩子一起關在家裡的妳，居然找不到一個可以說話的對象了！可能就連最親密的另一半，都因為每天埋首工作，還不一定能了解全職在家的日子有多累、多苦。

想帶孩子出門，又想到得一起準備的大包小包育兒用品，還有小人在外隨時可能情緒暴走的可怕情況，也難怪有的媽媽會說：「我每天顧小孩、打掃家裡，都快累死了，哪有心情帶他出門走走？」

但是妳想過嗎？在妳縮小自己生活範圍的同時，妳的心境也跟著縮小了，時間久了日子真的會越過越悶，而孩子更需要探索這個世界，多多認識年紀相仿的玩伴，再說做法真的不難，這個世代網路的快速發展，絕對足以讓妳不需花費太多力氣，就能認識許多媽寶朋友。

許多育兒網站的討論區，都可以常見到全職媽媽們相互交流、互吐苦水，小至孩子的照顧教養問題、大至和先生公婆的相處問題，點進這類討論區都可以洋洋灑灑看到好幾篇的PO文，雖然討論區裡的網友都是素昧平生的陌生人，但因為同是全職媽媽，特別能理解彼此心裡的苦。

當心事有人理解之後，妳的心情也會比較好過。

「滑世代」的來臨，也讓臉書社團多了各型各色的育兒相關社團供妳選擇加入。

有些社團還是因應地緣性發展出來的，會加入社團的媽媽們，都是因為彼此住得近，除了相互交流育兒訊息之外，也可以一起揪團購分攤運費。

的媽媽還會在社團內揪媽寶自組幼兒課程，孩子們可以學些簡單的律動、美術，也因為上課人數少時間又短，不用擔心像上幼兒園那樣容易生病感冒，媽媽們更可以藉此多多交流，帶著孩子跨出家門，真的會比每天和孩子待在家裡來得開心自在。

我自己在當全職媽媽以後，朋友比起以前反而越來越多。有的是在網路上認識的，有的是跟孩子們一起上課的同學和媽媽們，平時靠臉書或通訊軟體聯繫，有空的時候也會相約帶著孩子出門走走，即使在老大上小學之後的這麼多年，我跟這些媽媽好友們還保有很好的友

誼。

只要妳願意，誰說全職媽媽的世界一定會越來越小呢？

除了網路可以開拓全職媽媽的視野，多帶孩子出門走走看看，妳會發現能帶孩子探索的趣事有太多太多。像是近幾年來越來越流行的小店長體驗，越來越多的各類親子館或故事屋，都是妳可以帶著孩子消磨時間的好去處。

不只如此喔！妳或許知道有很多親子館可以帶孩子去玩，但是妳知道現在越來越多的親子館，設計活動時不再只是針對小小孩了嗎？有專為媽媽設計的媽媽聚會，也有可以帶著孩子一起參加的媽媽瑜珈，甚至有專為媽媽設計的親子健身房。媽媽在運動時，孩子就在專屬的遊戲區裡玩，讓想運動又擔心孩子沒人照顧的媽媽，能有一段完全屬於自己的放鬆時光。

比起過去資訊封閉的年代，現代的全職媽媽真的不再像過去那樣，只能和孩子坐在家裡面面相覷。我永遠記得在某一年的同學會上，一個剛當了媽媽並且迫不及待想重返職場的同學，聽到我說：「全職帶小孩，其實也有很多地方可以去啊！」的時候，用完全無法理解甚至有點戲謔的口吻問：「很多地方？妳是指去公園認識那些阿嬤嗎？」

但這麼多年過去了，我全職的日子不但沒有越來越乏味，反而還因為和孩子彼此陪伴，我們一起創造了許多無可取代的回憶。

我的老大現在已經是小學生了，但他一直清清楚楚地記得，上幼稚園前跟媽媽一起去了動物園，一起做了麵包餅乾，當過飲料店的小店長，嚐試過鳳梨酥、紅豆餅的各類DIY，這些都是他學前生活的愉快回憶，當然也是我一輩子忘不了的。

試試牽著孩子的手，跨出妳目前的生活圈子吧！相信一定會有意想不到的收穫！

02

不當一百分媽媽，妳會更輕鬆

身為全職媽媽，妳是不是認為一天三餐一定都要親自為孩子下廚？

身為全職媽媽，妳是不是堅持每天該做的家事一定都得如期完成？

身為全職媽媽，妳是不是認為應該要在孩子上學前就先教會他注音符號、認英文字母？

身為全職媽媽，妳是不是認為所有跟孩子相關的大小事全是自己的責任，妳也不相信有其他人可以替妳分擔，做得比妳好？

上述幾個問題，如果妳的答案都是肯定的，那麼身為全職媽媽的妳，壓力大概已經到達崩潰邊緣了！

有的時候其實是全職媽媽自己在替自己打分數，認為已經沒有在上班賺錢了，那麼家務和孩子的教養都應該一肩扛起，樣樣都要做足一百分，才算盡責的母親。如果有一點點沒有做好，或是把孩子托給另一半或其他家人照顧，就叫失職。

所以每天家裡一定要維持得乾乾淨淨，三餐也絕對親自下廚，規定自己一天至少要唸幾本繪本，教會孩子一點什麼才行……

每天都處在備戰的高壓狀態裡，長期下來，生理心理怎麼可能不累出問題來？

放慢妳的腳步，也降低妳的標準吧！

地板真的不用每天都拖得晶亮，偶爾一餐吃個外食並沒有那麼嚴重。寶寶的衣服也真的不必每件都得手洗才會乾淨，更不是必須時時刻刻陪孩子玩才叫有母愛，能夠獨玩的孩子反而會更自信更獨立。再說，降低標準並不代表妳就是不負責任的媽媽，妳只是把力氣用在對的地方。

想想看，妳覺得孩子會希望家裡整齊乾淨，但媽媽卻時時刻刻忙著維持窗明几淨，甚至累得沒空陪伴自己？還是希望陪在身邊的媽媽因為放寬家事標準，多出了休息時間和輕鬆的笑容？

這個家和孩子是妳和先生共同擁有的，家務和教養絕對不只是妳一個人的責任，拿有沒有「賺錢回家」當成對家庭貢獻與否的衡量標準，甚至看輕全職媽媽這個角色，說真的實在有失公允。

難道全職媽媽在家顧小孩，沒有省下保姆費嗎？難道不是因為有全職媽媽一心一意地守著這個家，另一半才有辦法心無旁騖地在職場上實現自己的理想嗎？

所以身為全職媽媽的妳，絕對夠資格提出要求，請另一半適時接手孩子，讓妳休息和喘口氣的。

真的需要休息時，坦白地告訴另一半和孩子：「媽咪累了，需要休息一下。」即使只是出門到巷口便利商店喝杯咖啡這麼短的時間，妳都需要暫時從家務中抽離，在這段完全屬於自己的時光，做自己想做的事。

有的媽媽會說：

「小孩只黏我啦，我不在家一定哭得稀里嘩啦的。」

「老公顧小孩就是用電視顧啊！」

但有沒有想過，孩子只黏妳，可能是因為妳完全不放心把他交給別人造成的？老公顧小孩的方式即使再怎麼不上手，但只要不會造成危險或傷害孩子，為什麼要這麼緊張兮兮？

偶爾也應該讓孩子多點和爸爸相處的時間，另一半也才有機會體認到，原來全職帶小孩的生活，真的不若外人想像地那麼輕鬆簡單，原來妳每天在家有這麼多的瑣事要處理……反而會變得比較能夠體諒妳的辛勞，這不是一件兩全其美的事嗎？

當然妳不需要拿自己和別的媽媽比較，誰做得比較好，誰對孩子比較盡心盡力。

每個人的長處和優點本來就不同，有的媽媽擅長烹飪，有的媽媽擅長收納居家清潔，有的媽媽擅長帶著孩子到處參加活動，有的媽媽手巧，會為孩子織毛線做髮飾……只要是為孩子盡心盡力付出，對孩子而言就是最好的媽媽。

而妳一定也有自己擅長的特點，這些特點說不定也是其他媽媽身上所沒有的，所以何必去羨慕別的媽媽擁有妳沒有的優點？甚至對孩子產生愧疚感，認定這樣的自己是不夠好的媽媽呢？

雖然有句話說「為母則強」，但媽媽終究不是萬能的超人，也跟所有人一樣都會累。

會心情不好，會想休息……坦誠地接受妳的母愛偶爾也會有想放假的時候，放下對一百分媽媽這個完美形象的執著，或許妳會發現，放鬆了的自己反而變得比較快樂，變得更享受和孩子相處的時光喔！

03 別小看自己，「全職」也是一種本事

成為全職媽媽之後的妳，覺得自己有什麼過去沒有的長處優點嗎？這個問題是不是問倒妳了？說不定妳還會下意識地回答：「就在家帶小孩而已，哪能有什麼優點跟長處？」但真的是如此嗎？全職在家的每一個媽媽，就只因為沒有工作沒有收入，所以任何優點長處都沒有嗎？

不要小看自己，「全職」其實就是一種本事。

我聽過不只一次不管來自爸爸或媽媽說的這句：「帶小孩比上班累多了。」這份

許多人認定又累又沒有錢可以賺的苦差事，妳卻甘願扛起，沒有半句怨言，光是這份堅持和毅力，就足夠讓所有的人為妳拍拍手了。

為了全職照顧孩子，妳一定也學會了許多過去不會的事情。當小姐時，進廚房頂多是燒開水、泡麵；當媽媽後，為了孩子的副食品，光是熬高湯做食物泥，可能就耗掉妳大半天時間；過去妳可能一個禮拜甚至一個月才動手整理房間，現在為了給孩子乾淨安全的環境，每天打掃也不嫌累。

為母則強的天性，一定也讓妳完成了許多過去做不到的事情。過去肩不能挑手不能提的，現在一手扛嬰兒車，一手抱孩子上下樓梯都不是問題；過去一點點小感冒就想請假在家休息，現在即使發燒，煮飯洗衣仍舊樣樣來。

這些在妳認為再平常不過的小事，其實都是妳因為全職造就的本事。而妳的心肝寶貝也是因為妳的這些本事，才得以健康快樂地成長。所以誰說，全職帶小孩就等於無所事事？

如果妳能懂得善用自己在當媽媽後才學會的長處優點，那麼全職的日子一定會更多采多姿。有的媽媽自己帶孩子帶出心得了，索性去考保姆證照，讓自己在家帶小孩之餘，也收托其他的孩子，多少貼補一點家用。

我身邊還有幾個媽媽朋友，因為替孩子做副食品、烘焙餅乾麵包做出興趣，索性開放給其他人訂購，讓沒空下廚卻也希望孩子吃到安心料理的媽媽們，不用再為張羅孩子的飲食煩心；也有手巧的媽媽因為喜歡動手DIY，將自己這份專長發揚光大，在網路上販售手工髮飾、奶嘴鍊、孕婦寶寶手冊套……等等，不僅賺進了不無小補的加菜金，也為自己賺到成就感，這不就是很聰明的做法嗎？

如果妳平時就很喜歡用文字、照片記錄生活，那就更要懂得用自己的興趣豐富全職的日子。尤其近幾年來因為部落客文化的盛行，育兒也成了能引領流行的一件事。許多媽媽原本只是單純在自己部落格或臉書分享育兒心得，上傳孩子可愛的照片，但透過網友們一傳十、十傳百的快速傳播，這些媽媽們的育兒生活引起廣大迴響。能不能為自己建立知名度或賺取金錢是其次，重要的是，她們的世界不再只侷限於自己家裡，每天的生活瑣事永遠有人能夠分享、回應，又怎麼會覺得全職帶小孩是一件孤單的事？

網友的鼓勵也會為這些媽媽帶來不少成就感，在巴西就有個全職媽媽，生孩子前不但取得了碩士、博士的雙學位，也從事人人稱羨的高薪工作，但為了全心全意照顧女兒，她甘願放下職場成就回歸家庭。為了偏食的女兒，不但每天親自料理女兒的餐點，就連擺盤都用心設計。她把每天精心烹飪的餐點照片，上傳到自己的部落格上，很快地獲得網友們的熱烈迴響，原本在外人看來枯燥乏味的育兒生活，在這位媽媽的記錄下也變得有趣許多。最後，這位全職媽媽更成為巴西著名的部落客媽媽。

當然，不是要每個全職媽媽都朝部落客的方向努力，但這些媽媽們都證明了，全職育兒的生活真的不是像大家刻板印象認為的那麼乏善可陳，一點點價值也沒有。

妳一定也有屬於自己的長處和優點，不要讓在家照顧孩子的日子掩蓋住妳原本可以發揮的專長，只要懂得擅用自己的長處，全職媽媽這個角色絕對也能被妳扮演得豐富迷人。

04 不要把孩子的成就，完全歸咎在自己身上

對很多全職媽媽來說，因為帶孩子是最主要的工作，所以很容易在不知不覺中，把孩子的成就和作為全部攬在自己身上，認為「我都已經把工作辭掉，專心照顧小孩了，所以不能出一點點差錯，不能讓別人認為我連小孩都顧不好。」

最常見的狀況，就是在寶寶還小的時候，在意高矮胖瘦是不是差人一截了，別家的寶寶已經翻身、長牙了，回過頭來擔憂自己的寶寶怎麼什麼都還不會？這些媽媽都忘了，孩子的生理成長進度，哪是我們可以掌控的？當然就更不完全都是妳的責任

啊！

不只孩子的生理發展緊張兮兮，舉凡孩子生病、在校的成績表現，許多全職媽媽都認為是自己的責任。當有一點點不符合原來的期待時，就會自責是不是哪裡做得不夠好？在孩子生病的時候過度自責，認為自己是個失職的母親；在孩子成績不夠出色時，處心積慮地想提升他的程度、鞭策孩子考高分，甚至可能會責怪孩子：「媽媽都已經為你放棄原本的工作，你怎麼可以用這種成績回報我？」

這樣的想法，對妳的孩子公平嗎？年幼的孩子怎麼可能永遠不會生病？與其小心翼翼過度保護、自責是自己照顧不周導致孩子生病，為什麼不轉念正面一點想：大人都會生病了，更何況是抵抗力尚在建立的孩

子？

以孩子來說，一年內感冒六到八次都算是正常的，而且每一次的生病過後，他們體內的抗體也會跟著增加，所以媽媽們真的沒有必要，在孩子身體有任何狀況時，就心生愧疚，認為是自己沒有盡到母親的責任孩子才會生病。

然後因為回歸家庭，重心全在孩子身上，不少全職媽媽會在不知不覺中，投射過多的期望在孩子身上，認為自己投注了所有的時間來教育孩子，應該也要得到同等的回報才值得，而孩子的成就和作為，就是這些全職媽媽認定的「回報」。所以她們安排滿滿的才藝課程、過分關注孩子每一個階段的成長進度，就擔心自己一手帶大的孩子，表現會不會不如人，而別人又是怎麼評價自己親手調教出來的孩子。甚至在孩子上學之後，把他們在校的成績表現，全當成是自己的責任，交出去的作業、帶回家的考試成績，通通放大檢視，假始紅字多了一點，成績差了一些，便會感到焦慮，認為已經犧牲所有，照顧陪伴孩子，為什麼孩子卻用這樣的成績來回報自己？當妳有這樣的想法時，其實也在無形之中，把不必要的壓力都放在自己和孩子身上了。

每個人都是獨立的個體，即使是年紀再小的孩子也是一樣，他有自己的喜好和思想，不可能完全照著妳期望的樣子長大。

假始妳無法接受孩子原來的樣子，認清他擅長和不擅長的項目，在教養的路上違背他的本質，一心要求孩子按著妳的規劃跨出成長的每一步，最後的結果，很可能是你們雙方都過得越來越不快樂，甚至因此打壞親子關係。

試想，一個整天盯著孩子成績和成就的媽媽會快樂嗎？而一個從小背著母親過度期望包袱長大的孩子又會快樂嗎？

做為一個母親，妳理當為妳的孩子感到驕傲榮耀，但這不代表全職的妳，就要把全部的精力和期望，都投射在孩子身上。他有他自己的人生，妳也有妳的，「全職媽媽」這個角色，只是妳人生階段中的一個過程，在孩子最需要母親的時候，妳暫時放下所有的工作專心陪他長大。

隨著孩子漸漸長大，不需要媽媽二十四小時陪伴的那天總會到來，妳終要放開妳的手，讓孩子去走出一條屬於他自己的人生道路。如果妳無法認清這點，陷入「我是全職媽媽，孩子的作為成績全是我責任」的迷思裡，全職這條路妳會走得很辛苦，背負的壓力也會越來越大，然後可能變得不允許孩子有一點點的不完美。在無形之中，把孩子的未來變成了妳的人生目標，最後不只妳會失去自我，孩子也會越來越不快樂，這樣的家庭氛圍，是妳想要營造的嗎？

還記得自己一開始辭去工作回歸家庭的初衷嗎？不就只是單純地希望，能時時刻刻陪在孩子的身邊，引導他體會人生的各種經驗而已嗎？既是如此，又何苦加諸不必要的壓力在自己身上？

與其費心為孩子量身打造「妳要的人生」，不如放手祝福，讓他自己去闖。相信妳的孩子絕對有能力去創造屬於自己的未來，而妳要做的，只是牽著他的手，陪伴他找到對的人生道路這麼簡單而已，這也才不枉妳當初全職的決定啊！

05

維持和另一半的甜蜜，妳會更幸福

全職媽媽辛苦的，不只是二十四小時待命照顧孩子的育兒生活。因為待在家裡，所以家中大大小小的事，好像也都順理成章地落在全職媽媽身上。

從早到晚忙了一整天下來，在另一半回到家之後，妳還有體力和心情去關心他，今天工作順不順利？心情好不好嗎？妳可能會說：「拜託！我每天顧小孩累都累死了，老公下班還不一定接手照顧孩子，我沒找他吵架就很不錯了，還要主動關心他喔？」但是妳有想過嗎？夫妻之間的甜蜜很可能就在這些細微的疏忽中，一點一滴流失了。

當了媽媽之後的妳，一定是很用心在陪伴養育孩子吧！會選擇全職這條路，一定也是因為妳把孩子看得比自己的夢想還重要，但是當妳把所有的心思都放在孩子身上時，當初承諾要牽手走一輩子的另一半呢？妳還有像過去那樣對他噓寒問暖，事事都把老公放在第一位嗎？

雖然妳現在的工作是「全職媽媽」，但妳要做的事，可不是只有帶孩子而已喔！妳在經營的其實是一個家庭，一個妳和另一半攜手建立的家。升格當母親之後或許讓妳的人生更圓滿了，但對於妻子這個角色，妳還擁有當初新婚時的熱情嗎？

對每個媽媽來說，孩子呱呱落地後，她們把全部的注意力都放在寶寶身上是再自然不過的事了。而新手爸爸當然也愛孩子，但當他們看到老婆全身貫注投入媽媽這個角色，所有時間也幾乎都被孩子占去了，驚訝之餘或許也會有點失落，覺得這個家好像沒有自己的位子了，甚至可能連自己在家走路、講話的聲音都會被老婆限制，因為「你會吵到寶寶！」

想試著幫忙照顧寶寶，也可能被另一半頻頻指責：

「你這樣抱，寶寶會不舒服啦！」

「你太粗魯了，寶寶會被你嚇到啦！」

漸漸地，妳可能把媽媽這個角色扮演得很稱職，孩子也被妳照顧地無微不至，但太太這個角色呢？妳有花心思在扮演嗎？妳還記得上一次關心另一半是什麼時候，你們夫妻最近一次獨處談心又是什麼時候嗎？

夫妻關係才是家庭發展的基礎，現在的妳不只是某某人的媽媽，更是某某人的妻子，如果妳只顧著做好孩子的母親，卻忽略夫妻關係的經營，那麼妳和另一半之間為了孩子起的衝突，絕對只會增加不會減少。

妳會認為他不明白全職的疲憊辛苦，對孩子不夠用心；他會認為妳有了孩子之後全變了，變得不再是過去那個溫柔可人的妻子。和另一半的關係緊繃，又得一手打理家中大小事，妳恐怕只會過得越來越不開心。

曾經有心理學家分析過，一個家庭裡面夫妻關係應該是居於第一位的，其次才是親子關係。畢竟另一半才是陪你走到白頭的人，所以夫妻關係更應該是家庭的核心，如果因為孩子出生，讓妳和另一半的感情起了變化，時間一久，整個家裡面的氣氛也會越來越凝重，這種全職在家的日子，想必也不是妳一開始想過的。

維持和另一半的甜蜜感覺，家裡的氣氛也會變得很不一樣，就先從小地方做起吧！

白天忙孩子和家務的時候，抽空傳個訊息關心一下為家庭在外打拚的老公。善用通訊軟體傳些孩子可愛的照片或影音檔，讓他即使不在家，也能參與你們一天的生活。在老公幫忙分擔家務時，更要多一點鼓勵少一點批評，謝謝他為妳和孩子的付出。這些做法不但可以增加他對育兒事務的參與感，他也可以感受到妳的關心和肯定，何樂而不為？

不要以為老夫老妻了，就不再需要兩人世界。每天再怎麼忙也要抽出一點點時間給彼此，像是在孩子入睡之後，把握短暫的聊天機會，聽一聽對方今天忙了什麼，有沒有發生什麼趣事，一句短短的「辛苦了！」一定能讓另一半感到溫暖和感激。

偶爾將孩子托給長輩或鐘點保姆照顧，和另一半外出看個電影或吃頓飯，重溫一下當年戀愛的感覺，對你們夫妻的感情增溫絕對會有很棒的效果。

孩子是你們夫妻愛的結晶，而妳一定也是因為太愛孩子，所以願意放下一切回家當個全職媽媽，但如果因為全職重心只放在孩子身上，卻忘了經營妳的婚姻關係，不是很可惜的一件事嗎？

在妳決定和身邊的這個人步上紅毯那一刻，他就已經是那個要牽著妳的手走完下半輩子的人了。孩子再怎麼需要母親，他們終會長大獨立，脫離父母的懷抱，只有妳和另一半，才是陪伴彼此到老的那個人。

當好媽媽之餘，也別忘了當個好妻子，給孩子一對相愛的父母、一個充滿愛的家庭，對他的性格養成也會有很正向的幫助，妳全職媽媽的生活，絕對也會過得更開心、幸福。

為自己紓解壓力妳可以：

1. 參加媽寶社團認識新朋友，和其他全職媽媽相互交流，為彼此加油打氣。
2. 喜歡寫文章的話，可以利用部落格或臉書記錄自己的育兒心得，為孩子留下記錄，也讓自己的心情多一個紓發的管道。
3. 坊間有越來越多能帶著孩子參加的媽媽課程，像是讀書會、親子健身房、媽媽瑜珈，都能讓妳擁有短暫的私人時光，又不用擔心孩子沒人照顧。
4. 不當一百分媽媽，允許自己偶爾休息一下，一天沒打掃或一天沒下廚，世界真的不會崩壞。

5. 適時把孩子托給另一半或親友，給自己放鬆的假單身時光。

6. 不需要拿自己和別的媽媽比較，全心全意對孩子付出的每一個媽媽，都是最好的媽媽。

7. 全職的日子也要懂得看見自己長處，試著發揮所長豐富妳的生活，像是考取保姆執照、自售自製烘焙點心、善用部落格或臉書記錄生活……等。

8. 不要把孩子的人生當成自己的目標，適時地放手讓孩子成長，親子雙方都會過得比較快樂。

9. 當個好媽媽的同時，也別忘了當個好妻子，製造夫妻獨處的時光，夫妻關係親密，家庭氣氛才會和樂。

10. 在另一半幫忙家務育兒時，多鼓勵少批評，有了成就感他自然會更有參與感，更愛妳和孩子。

11. 偶爾將孩子托給長輩或鐘點保姆，和另一半單獨約會，重溫熱戀感覺。

PART

8

全職媽媽的未來，妳想過嗎？

不管妳當初決定全職在家的原因是什麼、未來有沒有打算重回工作崗位，妳都要知道，即使經歷了結婚生子的過程，妳不是只變成某人的妻子、某人的媽媽，妳還是妳自己，不能因為當了母親，就失去了自我、放棄自己原來的興趣和專長。

畢竟陪伴孩子長大這段全職的日子，只是你們人生中的一段過程。孩子終會長大，總有一天要進入學校擁有自己的生活，到時候的他，不再像學齡前那樣需要媽媽全天候的陪伴，如果妳的視線焦點還是全都放在他身上，慢慢妳會發現，自我意識越來越強的孩子開始會心生抗拒，開始會對媽媽無微不至的關心感到厭煩。即使在妳眼中，他永遠是那個抱在懷裡的小小孩，但漸漸長大的他，其實是希望被妳當大人對待的。如果妳不懂得調整心態，為自己的未來打算，那麼很可能妳在孩子逐漸長大後，會頓失生活重心，甚至可能覺得自己這麼多年來全職的陪伴，沒有得到孩子善意的回應。

「為了這個家，我辭去工作回家帶小孩，結果卻換來了什麼？」事實上不是妳的犧牲沒有獲得回報，而是妳在照顧孩子家庭之餘，忘了替自己做打算。妳忘了不管是老公或小孩，都會有自己的生活重心，除了家裡，他們都還有公司、校園的生活。如果妳還像過去一樣，習慣事事都繞著老公小孩打轉，不只他們會被妳的緊迫盯人壓得喘不過氣來，妳也會因為不被重視感到萬般失落。

所以全職在家的日子裡，妳也要想想自己的未來，打算當全職媽媽多久、幾歲讓孩子上學、孩子上學之後，妳的生活要怎麼安排，這些問題，都是每個全職媽媽需要謹慎思考的。

每個人對自己的生涯規劃都不同，有的媽媽是在請育嬰假的期間，發現原來自己非常享受陪伴孩子長大的過程，索性把工作辭了，專心當個全職媽媽；有的媽媽在經歷全職在家的日子後，反而認清自己其實耐性有限，與其每天在家裡對孩子發脾氣，不如提早讓他上學，自己也趁勢回歸職場。

不管是哪一種選擇，都沒有對或錯，只要是經過妳審慎思考過後下的決定，相信對家庭對孩子都是最好最合適的，怕的是妳想不清楚自己想過什麼樣的生活，當了全職媽媽之後羡慕在職媽媽保有工作成就又能賺到錢；重返工作崗位後卻又懷念全職在家的單純日子，這樣的母親，不管在什麼角色裡都不會感到快樂。

所以，即使當了全職媽媽，對於自己的未來，妳仍舊需要好好規劃。

01 妳準備幾歲送孩子上學？

會選擇當全職媽媽，一定是因為妳不放心把孩子交給自己以外的人照顧，所以心甘情願放棄本來的工作回家帶孩子，年幼的孩子能有母親全天候的陪伴，更是一件幸福的事。不過隨著孩子一天天的長大，妳應該也觀察到，他對年紀相仿的孩子開始產生興趣了，出門在外會自己交起朋友，玩得不亦樂乎，甚至在經過幼兒園的時候，會看著裡面好奇地問東問西。

早熟一點的孩子，知道有「上學」這件事之後，可能還會三不五時要求：「我想去上學。」

「究竟要讓孩子在身邊留到幾歲，才應該把他送去上學呢？」

「朋友的孩子兩歲就去幼幼班了，我家的已經三歲多了還沒上學，這樣好嗎？」

「大家都說我就是因為自己帶，小孩才這麼黏，我是不是應該讓他去上學了？」

關於孩子上學的大小事，永遠是媽媽們最焦慮不安的疑問，尤其是已經習慣二十四小時和孩子相處在一起的全職媽媽，突然間要她們放手讓孩子進入團體生活，別說是小小孩了，可能就連媽媽自己本身都需要一段時間才能適應。

對於幾歲上學這個問題，說真的實在沒有標準答案。畢竟每個孩子心智成熟的狀況不同，有的孩子個性外放，帶他出門不用媽媽引導，也很快地願意跟陌生人攀談和其他孩子玩在一塊兒；有的孩子天性就是怕生，即使已經到了表達能力很好的四、五歲，進入陌生環境還是需要比別人多一段時間去適應。在妳考慮幾歲送孩子上學時，不妨先問問自己：「我的孩子已經做好準備，能夠進入團體生活了嗎？」

想想，一個孩子在幼兒園裡，要忍受沒有媽媽陪在身邊的孤獨感，學習凡事都靠自己完成，他要敢開口跟老師表達自己的需求，敢跟老師同學在家以外的環境相處一整天，這些上學會面臨到的考驗，妳的寶貝身、心理都已經夠成熟能夠承受了嗎？

光是離開家裡進到陌生的幼稚園，就足夠讓小小孩們哭上大半天，每天上學都像上演十八相送一樣。孩子哭得一把鼻涕一把眼淚不說，爸爸媽媽也心疼不已，不知道自己送孩子上學的決定對不對。

或許妳也聽過不少『前輩父母』的經驗談：

「哪有小孩上幼稚園不哭的？這沒什麼啦！不要心軟！」

「哭一哭就好了啦！小孩都只是哭給爸媽看的！」

但是妳有想過嗎？孩子之所以會哭泣，就是因為內心存著恐懼和不安，父母要做的，並不是漠視他們心裡的感受轉頭就走，而是協助孩子克服對上學的排斥和不安。讓孩子帶著全家人的照片或心愛物品陪伴上學，明確地告知他幾點會接他回家。這些小小的動作，都可以讓孩子白天在學校的時光更有安全感。

如果在你們夫妻雙方和學校老師的共同努力下，孩子抗拒上學的情況並沒有得到改善，那麼或許妳的孩子心理根本還沒成熟到可以上幼稚園。

以我自己遇到的狀況為例，我的老大個性非常怕生，學前兒時期帶他去公園或親子館，他是不太可能主動跟別的小朋友接觸的，這中間我當然也聽過不少類似：

「太怕生了啦，快點送去上學就好了。」

「上學哭很正常啦！妳就讓他哭一哭，哭一段時間他就習慣了。」

這樣的話，但這都沒有改變我要讓他多留在身邊的決心。我是這個孩子的母親，我最清楚這個孩子心智成熟到什麼階段了，我知道他需要的，是在媽媽身邊獲得足夠的安全感後再進入團體生活，而不是我為了改善他的怕生，硬把他送進陌生的幼稚園裡。

這段期間裡，我也沒有因為孩子怕生愛哭，就把我們母子都關在家裡。我陪著

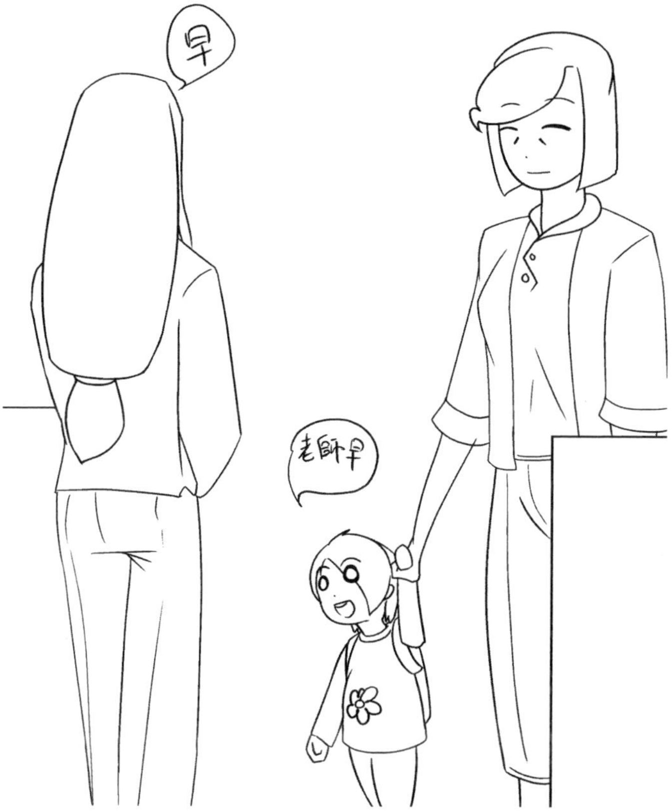

他去上了很多時間比較短的課，在這些過程中，我看到兒子因為我的陪伴，開始敢獨自跟老師學伴聊天、玩在一起。漸漸地，他不再時時刻刻緊黏著我抗拒陌生的人、事、物。這段期間他也習慣多了妹妹的生活，滿五歲之後，我送他去上學了。

有媽媽全職陪伴的五年，讓他建立了非常足夠的安全感，即使在妹妹出生以後，我也沒有急著將老大送去幼稚園，反而是讓他們兄妹彼此相伴了一年以後，再讓哥哥上學。他很清楚感受到，媽媽對他的愛並沒有因為妹妹的出生而改變。所以進入幼稚園之後的他，只有開學頭一天坐在教室裡靜靜地流淚一會兒，然後很快就適應了！

我還記得開學幾天之後，我跟老師詢問孩子在校的情況，老師笑容滿面地告訴我：「很好喔！他還會提醒別的小朋友要注意什麼，開學還沒一個禮拜，他很棒了！」

現在我的老大已經是小學生了，最近看著他開心地告訴我：「媽媽，我越來越覺得上學很好玩了！」我差點都要忘記，一、兩歲時的他，只要進到陌生環境，就會緊抓著我不放嚎啕大哭。

看著現在越來越有自信的他，我知道我當初送他上學的時間點非常正確，更不會認為把他帶到五歲才去上學，搞得自己又累又辛苦。

當然這是我的選擇，並不代表妳的孩子一定也要親帶到五歲再上幼稚園。只是如果妳的孩子恰巧跟我家老大一樣，是比較怕生敏感型的孩子，而妳也認同孩子應該建立足夠的安全感後再去上學，又何必因為外人的幾句話，動搖自己的決心呢？

孩子進入幼兒園要適應的，不只是心理上產生的種種變化，生理上要面臨的考驗，也是要納入考量的重點。學校的環境不比家裡人數少得那麼單純，一有感冒或腸病毒的感染，小朋友們互相傳播病菌的速度是很驚人的，所以妳可能會常常聽到，小小孩上學的前半年幾乎都在生病。

如果家有二寶甚至三寶，也要考量到老大進入團體生活後，會不會容易將病毒帶回家。幼小的弟、妹抵抗力不比哥哥、姐姐，有可能哥哥、姐姐原本只是輕微的感冒，但傳染在弟弟妹妹身上，就不是那麼回事了。

我在孩子很小的時候就訓練他們願意戴口罩，在老大進入幼稚園後，更是要求他口罩不離身，不只是保護他自己，也是降低將學校病毒帶回家傳給妹妹的機率。

不管妳最終決定幾歲送孩子上學，身為父母的你們都要有一個認知：送孩子去上學，為的是讓他適應團體生活，在學校這個小型社會裡，學習人際發展和應對進退。

並不是因為「在家裡我實在管不動了，所以送去上學給老師管。」一個只聽老師話卻不服從父母管教的孩子，會是妳希望看到的嗎？

即使孩子進入團體生活，教養的重責大任還是在妳們夫妻身上。當然也別忘了和校方保持良好的親師互動，那麼妳的孩子不管在家裡或學校，都能獲得最足夠的關懷和愛，自然也不用擔心他因為上學變得老油條，或是將來長大受到壞朋友影響而走偏了路。

02 孩子上學後，妳有什麼打算？

送孩子上學之後，全職媽媽們立刻多出白天長達好幾個小時的時間，習慣有孩子黏在身邊的生活那麼多年，突然變得只剩自己一個人在家，一定很不習慣吧！

少了孩子跟前跟後喊著「媽媽」，原本充斥孩子笑聲、哭聲的屋子突然變得靜悄悄的。最孤單的是，午餐只剩自己一個人吃。妳這才發現原來孩子上學，要適應的不只是人在幼稚園的他，還有在家變成一個人的自己。

無論妳當初送孩子上學的原因為何，有沒有打算趁這個時候重返職場，孩子已經在學校展開他的新生活了，妳也應該妥善運用這段完全屬於自己的時間。不要讓自己在孩子上學之後就頓失重心，不知道自己除了照顧孩子還有什麼其他的事能做。

如果在孩子都已經擁有自己的校園生活後，妳還是習慣事事都繞著他打轉，那不只孩子會被妳的緊迫盯人壓得無法喘息，始終依附另一半和孩子的生活模式，也會讓妳變得凡事都必須從他們身上獲得成就感和自信。孩子長大成人之後，必定不再像年幼時期那般需要妳，這前後的落差更會讓妳倍感孤單，不知道自己存在的價值為何。

在接孩子放學之前，妳每天起碼多出好幾個小時的私人時間，不好好安排實在太可惜了！

如果妳確認自己還是比較希望以家庭為重，而家中經濟也允許妳繼續當個全職媽媽，那麼在孩子上學之後，妳還是有多事情可以忙的喔！像是可以去擔任孩子學校的志工，到班上當晨光媽媽。很多小朋友對於自己的媽媽可以到班上說故事，是感到很榮幸的呢！

孩子上學之後，妳不必再像過去那樣，到哪都得帶著他了，正好可以趁這個時候去做，之前帶著孩子不方便做的事。圖書館其實就是一個很棒的好去處，不只借書，也會有不定期的免費講座可以聽講。有的媽媽甚至會當起圖書館的志工、說故事媽媽，徹底發揮全職幾年來陪伴孩子訓練出來的專長。

過去妳可能因為照顧孩子，連好好看一本書的時間都沒有，更別說是進修自己了。現在白天孩子上學之後，妳正好可以利用這段空出來的時間，挑選自己喜歡的課程進修。

不一定要花大把鈔票才有辦法報名課程，很多社區大學或教育推廣中心都有收費合理的成人課程，原本就喜歡烹飪的媽媽，可以趁此精進廚藝；假始妳很享受和小小孩相處時光，也有說故事媽媽

的培訓課程可以參考；想藉此機會重溫一下荒廢好久的過往工作專長，也多的是不同語言、金融、企管的相關課程供妳選擇。只要善加規劃，即使孩子上學去，全職媽媽的生活依舊能夠過得忙碌又充實。

除了上述自我充實的管道，可以為全職媽媽開拓精采的未來，很多大寶上學去的全職媽媽，面對自己的未來應該都會有過這樣的抉擇，就是「應該趕快再生二寶」還是「快點趁這個機會出去工作賺錢」？

每個家庭的經濟狀況、夫妻間相處的情況都不同，該生二寶還是上班賺錢，說真的沒有人可以給妳標準答案。但不管做哪樣抉擇，妳一定要謹記的，是「誠實面對自己心底的聲音」。

不管多少教養專家或親戚朋友告訴妳：「一個孩子太孤單了，手足才是能陪伴孩子一輩子的人啊！」

但那終究是別人的經驗，妳自己家裡面的經濟狀況，或是先生對於育兒家務的分擔程度到哪裡，最終只有妳自己清楚。

如果生二寶只是為了符合長輩的期待，或是「大家都說兩個孩子比較有伴」，二寶媽的生活真的會是妳想過的嗎？

好不容易拉拔孩子到可以獨立上學的年紀，再多生一個孩子，又得重新再過一次日夜顛倒的育兒生活，妳願意嗎？

多了一個孩子難免會增加的支出，勢必得再過精省一點的生活，這樣的未來是妳和先生都有共識想要的嗎？

假始上述這些問題妳都思考過一遍，也確信再多一個孩子的生活，是妳和先生都希望擁有的，那就把握女人的黃金生育年齡，替老大添個伴吧！

多了一個孩子，家中各項花費是得再三斟酌沒有錯，但兩個孩子相伴的身影和笑聲，一定會讓妳覺得值得；多了一個孩子，妳全職在家的日子絕對會再被拉長沒有錯，但教養兩個孩子的生活能夠從中獲得的智慧和滿足，一定會讓妳甘之如飴。

曾經有考慮要不要再生二寶的全職媽媽不解地問我：「再生一個，不就瓜分掉父母給他的愛了嗎？再生一個，原本全部屬於老大的資源也要分給老二了，這樣老大不是很可憐？」但是，人生不可能永遠一帆風順要什麼有什麼。

孩子跟手足間的相處，正好給了他們彼此學習「分享」跟「失望」的機會，如果做父母的，是因為捨不得看到孩子傷心失望，就認定獨生子女的生活對孩子比較好，這樣對他又公平嗎？

如果妳已經確定想再生一個孩子，又擔心一打二的生活無法招架，建議妳不是在二寶出生前提早讓老大入學，就是讓老大適應多了弟妹的生活後再安排就學比較妥當。

別說是小小孩了，就連大人可能都沒有辦法一次承受生活同時出現兩種變化。要年幼的孩子一方面適應離開媽媽進入陌生校園的生活，另一方面又要擔心弟妹出生會不會瓜分父母的愛，這對他們小小的心靈，其實是會造成不小的衝擊的。所以在考慮送孩子上學或生老二的先後順序安排，妳和另一半都要經過詳細討論，達到共識後再進行。

沒有什麼樣的選擇一定最好，我身邊就有全職媽媽打定只生一個，和另一半把全部的心思都放在教養唯一的孩子身上。他們深愛孩子，卻不因為只生一個而過分寵溺，仍舊堅持賞罰分明的教養原則，也因為只養育一個孩子，所以保有比較好的生活品質。妳能說，只有一個孩子的家庭就比較不快樂嗎？

也有的全職媽媽，認為手足是自己能給孩子最棒的禮物，即使多了二寶甚至三寶，必須拉長自己全職在家的時間，但這些媽媽卻樂在其中，非常享受跟孩子攜手共創未來的滿足感。妳能說，生養兩個以上孩子的家庭，就一定比較辛苦嗎？

不論是哪種決定，只要妳和先生達成共識後，夫妻雙方都願意朝著相同的目標齊心努力，對妳的家庭而言，建構的就是最幸福的未來！

MEMO

PART 9

想重返職場，妳該做哪些準備？

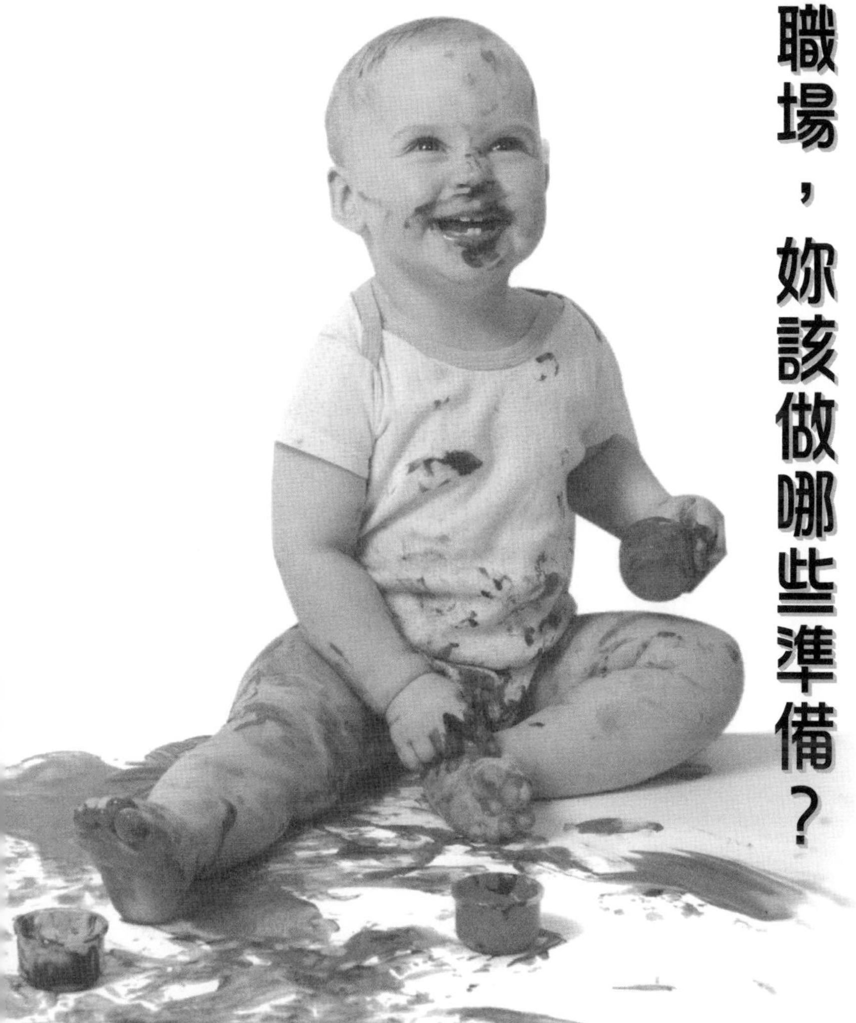

除了上述的選擇，很多全職媽媽安排孩子上學最主要的原因，就是她們想外出工作了。不管是為了貼補家用，或是單純想藉工作獲得不同於育兒生活的成就感，決定重回職場的全職媽媽們，也有不少事前工作要準備。

行政院主計處曾經做過統計，國內的已婚婦女因生育離職的復職率超過五成。這顯示有超過半數的全職媽媽，在經歷時間不一的育兒生活之後，仍舊成功地返回職場。這個統計結果，應該可以給不少擔憂無法找到理想工作的全職媽媽信心了。

只是，在妳打算重回職場前，要先思考清楚：

「我為什麼想出去工作？」

如果是因為對教養孩子感到無力，所以覺得外出工作會好過每天在家對孩子大吼大叫，那麼妳只是逃避當全職媽媽遇到的問題，即使妳成功返回職場，孩子也進入幼稚園了，但回到家，妳對孩子管教無力的問題有獲得解決嗎？

如果思考過後，妳認為自己外出上班，有助於妳重建因為全職在家失去的自信，也會更珍惜下班後和假日與孩子相處的時間，那麼重返職場這個選項對妳而言，不但能夠幫助家計也可以改善家中氣氛，畢竟有快樂的媽媽才會有快樂的孩子。

只是，原本二十四小時在家待命的媽媽外出工作了，整個家裡的作息肯定也會產生巨大變化，該找什麼樣性質的工作、如何在最快時間之內適應工作的節奏、上班之後孩子應該如何安排……，都是全職媽媽重回職場要面臨的考驗。

但只要做好萬全準備，全職媽媽一定能夠再度藉由工作，開創精采的未來！

01 重返職場前，充實能力拓廣人脈

曾經有職場專家做過分析，不管是男性或是女性，如果離開職場超過三年，要重回職場的障礙會比較多。不管妳過去是請留職停薪的育嬰假，還是親帶孩子到他就學才出來工作，在妳全職在家的這些日子裡，職場裡各個產業的變化，絕對是超乎妳的想像的。

以最基本的電腦技能來說，過去妳工作時擅長的電腦軟體，在妳打算重回職場後，可能早就已經被其他軟體或更新的版本給取代了。除了得加快自己的腳步跟上職場節奏，中斷工作這幾年再返回職場，全職媽媽們還得面臨最現實的年齡問題。

當大部份工作的年齡限制都落在二十出頭到三十出頭時，妳可能因為陪伴孩子成長，再找工作時已經年近四十了，重返職場的選擇肯定會較年輕時候來得少。所以一旦離開職場再回去工作，妳就要有從零開始的心理準備，也許起頭會比較辛苦，但只要妳肯放低身段虛心學習，相信慢慢會適應新生活。

先從重打一份履歷表開始吧！可以把在家這幾年的時間，除了陪伴孩子，妳還把握零星時間學習了什麼都寫在履歷表上，像是有沒有參加進修課程、學習第二語言。還有，即使在家妳也觀察到職場產業產生哪些變化，一個即使在家育兒卻仍舊把握自我進修機會的女性，肯定能夠獲得不少企業主的青睞。

如果想從事的是和過去工作相關的產業，不妨透過還有聯絡的同事、工作夥伴放出消息，請他們幫忙留意有沒有合適的工作機會。

在還沒找到工作前，把握假日或孩子上學的時間參加進修課程，如果可以趁這段求職期間考取證照更好，不但充實了自己的能力，也為妳的履歷加分。

除了靠自己本身的努力，政府針對二度就業的婦女，也提供了不少資源，在民國一〇四年三讀通過的就業服務法，就已經將二度就業的婦女列為特定對象，提供符合資格者免費的職業訓練，參訓期間的生活津貼補助，臨時的工作機會，甚至還有求職的交通補助……等等，有需求的媽媽都可以向負責的主管機關詢問細節。

要返回職場，不代表妳就一定要重回過去相關領域的工作，那當然也是一種選擇，可是如果妳在當全職媽媽的這段日子裡，發現了自己的第二專才，像是：烹飪、親子手作、寫作，想要轉換跑道也可以是人生的另一種選擇。

我身邊就有全職媽媽在親帶孩子的那些年裡，因為親手編織毛帽、嬰兒鞋做出心得了，在孩子上學之後她更有大把的時間精進手藝，甚至在網路上開始販售、開設親子課程，為自己開創了另一條全新的人生道路。

只是如果轉換跑道，那絕對要有心理準備必須從基層做起，一開始獲得的薪水報酬也絕對比過去低上許多。媽媽們不妨正面一點思考，把初回職場遇到的這些問題，當成磨鍊自己意志和ＥＱ的大好機會，過去全職育兒還沒薪水領的辛苦日子，妳都能熬過來了，那麼職場上所面臨的考驗，妳一定也能過關斬將，克服困難。

只要妳有心也願意，全職媽媽的未來絕對可以有各種可能！

02 重返職場後，孩子怎麼安排？

對全職媽媽來說，重返職場最棘手的問題，就是原本一直帶在身邊的孩子該如何安置。如果沒有長輩可以托育，大部份的媽媽會選擇讓孩子進入幼兒園，在選定認為合適的園所之後，可以先安排試讀讓孩子習慣環境，儘早熟悉老師同學。

突然要離開二十四小時相處的媽媽身邊，年幼的孩子難免會害怕哭泣，但只要妳和另一半用溫柔堅定的態度包容孩子在這段過度期的情緒變化，你們親子雙方一定可以慢慢適應孩子上學、媽媽上班的新生活。

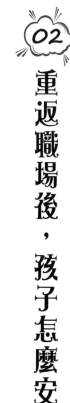

除了孩子能否適應陌生的園所，上學後的接送問題也要妥善安排。在職媽媽最辛苦的，就是不管上下班或是臨時要加班，任何工作上的狀況都必須考慮到孩子。如果臨時要加班，孩子放學誰去接？如果孩子在學校有突發狀況，必須提早接回家，又有人能幫忙嗎？

另外，年幼的孩子進入校園團體生活後，生病感冒是免不了的，尤其是腸病毒，一停課就是一個禮拜，不再是全職媽媽的妳，要怎麼應對？所以在找工作時，可以旁敲側擊了解一下公司文化允不允許員工請那麼多天假，如果是不好請假的公司，那麼妳和老公勢必要先找到後援人選，以免發生孩子突然因病無法上學，卻又找不到人照顧的窘境。

在孩子幼稚園時期，生活還比較單純，在職媽媽可能只要處理接送問題、生病託誰照顧就好。但等孩子再大一點，小學之後還有放學後的時間安排，日益加重課業該怎麼協助孩子完成，送安親班好嗎？

托長輩代為照顧妥當嗎？放學後到妳下班回到家的這段時間裡，孩子功課有沒有辦法完成？這些都是妳重返職場後會遇到的問題。身為孩子的母親，妳絕對是最了解他的人，如果不去安親班，孩子的自律能力有沒有辦法自己完成功課？

如果課後托長輩照顧，長輩的疼愛，會不會變得太過順著孩子，等妳下班回到家，一樣功課也沒有完成？就各方面可能會產生的狀況，明確告知孩子妳對他放學後的安排是什麼？當然也可以聽聽他的想法，如果他決定嚐試靠自己完成功課，而妳也願意在下班後多花一點時間陪他檢查，不送安親或許是妳可以試試的選項。

如果妳很清楚自己孩子的自制能力還不夠，需要借助外力才能適應多了作業的小學生活，那麼挑選合適的安親班，不但可以在課業上幫助孩子，他也多了安親班的同學能夠共度課後時光，又有何不可？

我身邊就有上班族媽媽的朋友，原本認為孩子小學課後有爺爺、奶奶照顧就好，但她忽略考慮了孩子的個性問題，還有爺爺奶奶對孫子寫作業有一搭沒一搭的態度也無可奈何。所以常常發生她拖著疲憊的身軀下班回到家後，孩子一樣功課也沒有完成。每天周而復始地跟孩子為了作業起衝突，大人心煩小孩也痛苦，最後她決定將孩子托給專業的安親老師。

現在每天回到家，孩子的功課早早就寫好了，而她也沒有因為送安親就對孩子的課業都置之不理，每天還是會花一點時間檢視孩子的作業、了解學習狀況，少了為功課爭執的時間，他們親子多出加倍的相處時光。這樣看來，送安親班其實也沒有那麼不好。

除了課後問題，公立幼稚園和小學又多了寒暑假這兩個不算短的假期，短則三個禮拜、長達兩個月的假期生活，在妳重返職場之後，要如何替孩子安排？

因應雙薪家庭還是占多數的社會型態，其實除了安親班，每逢寒暑假的營隊活動還真不少。妳可以在經濟允許的狀況下，依照孩子的喜好，為他報名合適的營隊活動。這樣即使父母因為上班無法陪伴，孩子也能度過充實愉快的寒暑假。

很多公立幼稚園或小學，在寒暑假也都有開設寒假班和暑假班的課程，只要需求人數達到標準，上班族父母在寒暑假時，一樣也可以安心將孩子送到學校去。

要從全天候待命的全職媽媽模式，切換成家庭、工作兩邊奔波的在職媽媽模式，不管是妳和家裡的成員，勢必都要經過一段不短時間的磨合期，但回頭想想，當初自己為了孩子能有放下工作回歸家庭的勇氣，決定重返職場的妳，絕對也有辦法開創屬於自己精采的未來！

全職媽媽的未來有哪些可能？

1. 想送孩子上學，可以先觀察孩子生心理成熟的狀況，帶他到屬意的幼兒園走走、安排試讀。確定就學後，面對孩子哭鬧不肯上學的情況，要付出更多耐心和包容。讓孩子帶家人照片或心愛物品陪伴上學，明確告知幾點接他，為其建立安全感。孩子上學的前半年可能都在反覆生病，父母要做好心理準備。

2. 孩子上學之後，妥善運用白天屬於自己的時間，看妳是想上課進修、當晨光媽媽、做志工還是重返職場，想想自己未來想過什麼樣的生活，把握空出來的時間去創造新的人生。至於該不該趁此機會再生二寶？就家中經濟、夫妻雙方對未來的共識，誠實聽聽自己心裡的聲音，做出最適合你們家庭決定。

3. 想重返職場，先思考什麼樣的工作適合自己、就業之後孩子如何安排，更要把握機會充實自我，不論是上課進修或考取證照，都可以為妳的履歷加分；也可以透過以前的工作夥伴放出求職訊息，請他們留意有沒有合適的工作，這些都有助妳成功重返職場。

4. 了解一下政府提供給二度就業婦女的福利和社會資源有哪些，如果可以妥善運用，絕對可以為妳重返職場省力不少。

5. 離開職場一段時間，不管是工作能力或行事節奏，勢必都得花上一段時間才能跟上，全職媽媽要有從零開始的心理準備，只要妳願意放低姿勢虛心學習，絕對能慢慢適應從全職媽媽變成在職媽媽的生活。

6. 決定工作後，可能會面臨孩子的接送問題，或突然生病無法上學的狀況，一定要事先找到後援人選，重返職場這條路才能比較安心。

後記

寫給全職媽媽的另一半

這本寫給全職媽媽看的書，最後這些話，決定寫給全職媽媽的另一半。

不管身為全職媽媽另一半的你，是為什麼能看到這些文字，同樣身為全職媽媽的我，都先代替所有的全職媽媽，向願意支持我們在家親帶孩子的每一個你，衷心地說聲：「謝謝！」

身為一家之主的你，每天辛苦工作賺錢，一個人扛起養家的責任，肩頭上的擔子一定很重吧！拖著疲累的身軀下班回到家後，如果不巧今天家裡亂了一點、孩子吵了一點、老婆又開口跟你要了生活費，說真的，實在有點煩人，對不對？

身為全職媽媽的我們，真的也很明白心疼老公扛家的辛苦，所以絕對盡可能把育兒和家務瑣事都自己處理好，讓另一半能無後顧之憂地在職場上衝刺。但有的時候不巧孩子可能一整天都在哭，一整天都賴在我們身上，這種情況下，別說是打掃了，我們可能被孩子盧到連好好吃一頓飯的時間都沒有，導致讓你回到家沒有一個舒適乾淨的空間，或是聽到小孩刺耳的哭聲。其實我們心裡也不好過，甚至可以說有點愧疚。如果你能用關心代替責備，開口問一句：「孩子今天一直哭，妳一定照顧地很累吧？」絕對會比用質疑的口氣問：「妳今天一整天都在忙什麼啊？家裡亂成這樣，小孩也沒顧好！」來得讓我們好過一些。

不管你平時工作的時間長或短，每天和孩子相處的時間有多長，相信你一定也認同，帶小孩真的不是一件容易的事吧！而你親愛的老婆，現在每天忙的，正是在你眼裡看來一點也不輕鬆的「工作」，她雖然沒有賺錢回家，但不也為這個家省下了托育費用，昂貴的私立幼稚園學費？而孩子每天由最愛他的母親照顧，你是不是也最放心？更不用憂心會不會找到惡質保姆或托嬰中心，這樣看來，你還會認為全職在家的太太，對這個家庭毫無貢獻嗎？

相信你一定也跟全職在家的老婆一樣，都是愛這個家、愛孩子的，只是有的時候聽到太太對育兒生活的抱怨，可能難免還是會心生不解：

「在家帶小孩真的有比上班累嗎？」

「妳不用工作就有錢可以用，哪裡不好？」

但換個立場想想看，如果今天是你在工作上遇到挫折和低潮，回家和最親密的另一半抱怨，聽到的卻是：

「你上班有比我在家帶小孩累嗎？」

「上班還有錢賺耶！哪像我在家帶小孩跟你拿生活費，還要聽你碎念！」

這樣的話聽在耳裡是不是感覺很差？如果你也不喜歡聽到這樣子的話，那又為什麼要說出這樣的話，去傷害身邊這個要陪你走完下半輩子的人生伴侶呢？

家是你們共同擁有的，不需要去比較誰比較辛苦，誰對這個家庭貢獻比較多，偷偷告訴你，有的時候太太的抱怨，其實不是真的對現況感到不滿，她可能只是需要你一句：「老婆辛苦了，謝謝妳！」

或是接手孩子讓她擁有喘口氣的休息時間。一個懂得體諒全職媽媽辛苦的另一半，對我們而言就是全天下最棒的老公了。看在孩子眼裡，一定也會認為這樣的你，是全天下最棒的爸爸！

有另一半的體諒支持，每個全職媽媽在家育兒的日子一定再苦也願意！

親情滿分
02

累到爆炸：全職媽媽不簡單

雅致風靡　典藏文化

親愛的顧客您好，感謝您購買這本書。

為了提供您更好的服務品質，煩請填寫下列回函資料，您的支持是我們最大的動力。

您可以選擇傳真、掃描或用本公司準備的免郵回函寄回，謝謝。

姓名：	性別：　□男　□女
出生日期：　年　月　日	電話：
學歷：	職業：　□男　□女
E-mail：	
地址：□□□	
從何得知本書消息：□逛書店 □朋友推薦 □DM廣告 □網路雜誌	
購買本書動機：□封面 □書名 □排版 □內容 □價格便宜	
你對本書的意見： 內容：□滿意□尚可□待改進　編輯：□滿意□尚可□待改進 封面：□滿意□尚可□待改進　定價：□滿意□尚可□待改進	
其他建議：	

剪下後傳真、掃描或寄回至「22103新北市汐止區大同路3段194號9樓之1雅典文化收」

您可以使用以下方式將回函寄回。
您的回覆，是我們進步的最大動力，謝謝。

① 使用本公司準備的免郵回函寄回。
② 傳真電話：（02）8647-3660
③ 掃描圖檔寄到電子信箱：
yungjiuh@ms45.hinet.net

沿此線對折後寄回，謝謝。

廣告回信
基隆郵局登記證
基隆廣字第056號

221-03

雅典文化事業有限公司　收
新北市汐止區大同路三段194號9樓之1

雅致風靡　典藏文化